Monika Kiel-Hinrichsen

Beziehungs-
Weise

Monika Kiel-Hinrichsen

Beziehungs-Weise

Partnerschaft
bewusst gestalten

Urachhaus

Ausgangspunkt dieses Buches ist eine Artikelserie in der Zeitschrift *a tempo,* die ich im Folgenden vertieft und erweitert habe. Zum Schutz der Personen, deren Biografie zur Verdeutlichung des Gesagten herangezogen wurde, habe ich – wo nötig – deren Namen geändert.

Weitere Bücher der Autorin:

Burnlong statt Burnout. Stress überwinden – gesund bleiben (Hrsg., Stuttgart 2016)

Wendepunkte. Biografie bewusst gestalten (Stuttgart 2016)

Warum Kinder trotzen (Neuausgabe Stuttgart 2013)

Warum Kinder nicht zuhören (4. Auflage Stuttgart 2011)

Wackeln die Zähne, wackelt die Seele (16. Auflage Stuttgart 2017)

Pubertäts-Sprechstunde. Jugendliche verstehen – Praxiserprobte Hilfen – Pubertät als Chance (gemeinsam mit Helmut Hinrichsen, 2. Auflage Stuttgart 2014)

Die Patchworkfamilie. Zusammenleben – zusammenwachsen (Neuausgabe Stuttgart 2014)

ISBN 978-3-8251-5137-9

Erschienen 2017 im Verlag Urachhaus
www.urachhaus.com

ⓔ auch als eBook erhältlich

© 2017 Verlag Freies Geistesleben & Urachhaus GmbH, Stuttgart
Umschlaggestaltung: Ursula Weismann
Umschlagbild: © shutterstock/Vilor
Gesamtherstellung: CPI books GmbH, Leck

Inhalt

Vorwort

Partnerschaft und Familie stehen im 21. Jahrhundert in einem deutlichen Zeichen des Wandels. Wollen wir heute von »Familie« reden, müssen wir den traditionellen Begriff um verschiedenste Formen von Familienbildung erweitern. Wir sprechen von Kernfamilien, Großfamilien, Kleinfamilien, Single, Kleinstfamilien oder Ein-Eltern-Familien und Patchworkfamilien. Seit einigen Jahren tritt auch die Regenbogenfamilie, in der homosexuelle Partner mit Kindern zusammenleben, immer mehr in das allgemeine Bewusstsein. Ein Beziehungsleben verläuft damit häufig in neuen Formen und ist daraus resultierend auch anderen Herausforderungen ausgesetzt.

In den vergangenen fünfzig Jahren hat das Männer- und Frauenbild einen starken Wandel erfahren. Familie hat immer mehr die Aufgabe der wirtschaftlichen Erhaltung, der Daseinsvorsorge bei Krankheit, Invalidität und im Alter eingebüßt. War die Familie früher durch die Gemeinschaft und deren Traditionen getragen, so ist sie heute in die Freiheit der einzelnen Persönlichkeit entlassen. Sie hat sich zu einem Ort des Beziehungslebens und der Partnerschaftlichkeit entwickelt, in dem vor allem die innerfamiliären Intim- und Gefühlsbeziehungen gepflegt werden. Hieraus konnten eine neue Intimität und neue Möglichkeiten zur Verwirklichung der eigenen Liebesfähigkeit entstehen, die ihren Ursprung im letzten Jahrhundert, in den 60er-Jahren hat. Die damalige Generation hat sich gegen die Vorherrschaft alter Bluts- und Rechtsbande gewehrt. Kommunen und Wohngemeinschaften wurden gegründet. Durch die Hippiebewegung wurde die sexuelle Revolution eingeläutet, und die proletarische und bürgerliche Frauenbewegung fand ihren Höhepunkt in den Emanzipationsbestrebungen der 68er-Jahre. Frauen kämpften um ihre Rechte, beispielsweise nicht länger ans Haus gebunden zu sein oder keine Benachteiligungen in der Arbeitswelt hinnehmen zu müssen, sie wehrten sich gegen die männliche Unterdrückung, gegen den § 218 und die Scheidungsrechtsprechung.

Heute können wir an der großen Autonomie der Frauen und an der Emanzipation der Männer, aber auch an deren Verunsicherung die Entwicklungsfrüchte erleben. Die alte Rollenverteilung ist aufgehoben. Wir stehen menschlich gesehen auf dem Gipfel unserer Möglichkeiten, die sich ihren Weg durch Bewusstseinsentwicklung und Freiheitskämpfe sowie starke Individualisierung gebahnt haben. Im Idealfall ist heute für jeden alles möglich.

Die zunehmende Individualisierung hat aber auch ihren Tribut gefordert. Haben wir auf der einen Seite die Entwicklung des Ichs, unserer Persönlichkeit kultiviert, so erleben wir zunehmend im Gemeinschaftsleben große Verunsicherungen. Immer mehr sprechen wir heute von Lebensabschnittsgefährten (kurz »LAG«), die, wie der Name schon sagt, während einer bestimmten Lebens- und Entwicklungszeit ihren Weg miteinander gehen.

Wir stehen als Menschen an einem Kreuzungspunkt, durch

den wir unsere Werte und Normen, die wir aus der Tradition heraus entwickelt haben, überprüfen können, sozusagen »mit unserem Ich durchdringen« können, um sie neu zu erwerben und somit als tragfähig und zu uns gehörig erleben zu können.

Grafisch lässt sich diese Entwicklung in einem nach oben spitz zulaufenden Dreieck darstellen: Wir haben uns aus den tragenden alten Familienbanden herausentwickelt und sind auf der Suche nach neuen Formen.

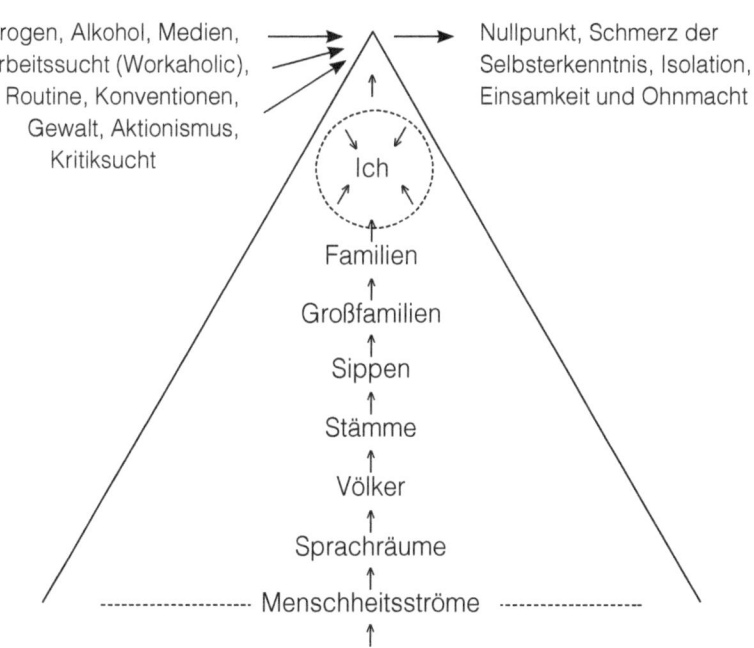

Wir sehen, Beziehungen zu führen unterliegt immer größeren Herausforderungen – und es gibt reichlich Ausweichmöglichkeiten!

Es existiert einfach kein gemütliches Nest mehr, in das man sich in einer Beziehung legen kann. Stattdessen bedeutet eine Paarbeziehung heute Arbeit an sich selbst und an sozialen Fähigkeiten.

Immer mehr treffen wir auf Menschen, die ohne feste Partnerbeziehung leben und sich auch bewusst nicht fest binden wollen bzw. im nächsten Schritt auch nicht mehr können.

Das Ende der Liebe heißt deshalb provokativ ein Buch des Autors Sven Hillenkamp.[1] *Generation Beziehungsunfähig* nennt der junge Autor Michael Nast seinen Spiegel-Bestseller und beschreibt als Sprachrohr seiner Generation schonungslos die heutige Unverbindlichkeit und das Unvermögen, sich auf ein Du einzulassen.[2]

»Ich will mich nicht festlegen« oder »Ich will mich gerade auf mich selbst konzentrieren« scheinen geläufige Sätze zu sein, um aus einer Affäre wieder herauszukommen. So zeigt man dem anderen, dass man nicht an einer bleibenden Verbindung interessiert ist.

Wie kann eine Paarbeziehung trotzdem gelingen?

Ich möchte Ihnen durch anonymisierte und frei veränderte Beispiele aus meiner Beratungsarbeit und manchmal auch aus dem eigenen Leben Einblicke in verschiedene Lebenssituationen von Paaren unterschiedlichsten Alters geben. Daran anknüpfend sollen vor dem Hintergrund des humanistischen und des anthroposophischen Menschenbildes Wege aufgezeigt werden, die zu einem bewussten, verbindenden Beziehungsleben – in welches dennoch Brüche zu gehören scheinen – im Zeitalter der Moderne führen können.

»Singledasein« oder Unterwegs zum neuen Glück

— Jule hat gerade frustriert aufgehört zu telefonieren. Wieder einmal ist es einer dieser grauen Samstage, an denen sie allein in ihrer Wohnung herumhängt und eine Absage nach der anderen von ihren Freundinnen erhalten hat. Auch die letzte Solo-Freundin lebt jetzt in einer Beziehung! Zwar haben Miriam und Onno angeboten, sie könne doch mit ins Konzert kommen, doch Jule hat einfach keine Lust, immer das fünfte Rad am Wagen zu sein. Aber das Wochenende allein zu Haus verbringen möchte sie auch nicht. Sie hat schon eine richtige Sonntagsphobie: Das ist der Tag, an dem Pärchen und Familien das Straßenbild schmücken.

Sie kann sich noch gut daran erinnern, wie es ihr selbst ging, als sie noch mit Jonas zusammengelebt hat. Der Sonntag war ein heiliger Tag, der möglichst ihnen gehören sollte. Ausschlafen, lange frühstücken und Zeit für Gespräche haben. Wie oft sind sie an den See oder zum Joggen in den Wald gefahren, und nicht selten kamen ihnen einzelne Spaziergänger entgegen, die den Kopf nach unten zu neigen schienen, wenn sich ihre Blicke trafen. Wie gut sie heute nachempfinden kann, wie es im Innern dieser Menschen ausgesehen haben mag. Jedenfalls geht es ihr heute so, dass sie niemandem in die Augen blicken mag, fast als schäme sie sich fürs Alleinsein. Manchmal möchte sie sich am liebsten ganz unter ihrer Bettdecke verkriechen. Doch dabei lernt sie auch niemanden kennen. Es ist ein verflixter Kreislauf. Die Arbeit in der Firma nimmt so viel Kraft in Anspruch, dass sie sich am Wochenende oft zu erschöpft fühlt, um sich noch in größere Aktivitäten zu stürzen.

Im letzten Monat haben ihre beiden besten Freundinnen zu einem Dinner geladen und extra für sie nach einem Solo-Freund Ausschau gehalten. Aber das war einfach nur peinlich und frustrierend, und sie war froh, als der Abend endlich zu Ende war. Der Mann war überhaupt nicht ihr Typ.

Manchmal zweifelt sie schon an sich selbst. Ob sie zu hohe Ansprüche hat? Jetzt hat ihre Freundin Sabrina übers Internet ihre »große Liebe« gefunden. Ob sie es auch mal probieren sollte? Oder lieber einen Versuch bei einer anderen Partnersuche-Agentur wagen? Aber da muss man oft gleich ein Jahresabo abschließen und außerdem einen psychologischen Test zu Persönlichkeit, Konfliktverhalten und Ängsten über sich ergehen lassen, damit ein psychologisches Partnerprofil erstellt werden kann. Eigentlich ist Jule das zu intim.

Im Internet muss man oft nur einen Text über sich selbst verfassen. Aber wie soll ich mich nur beschreiben? Und vor allen Dingen, was suche ich denn eigentlich für einen Typ Mann?, denkt Jule. Sie wird sich noch einmal mit Sabrina beratschlagen.

Sabrina hat ihren Freund über eine Mobil-App kennengelernt, die nur übers Handy zu nutzen ist. Sie hat den Ruf, dass die Teilnehmer erst einmal etwas Lockeres, meist auf Sex ausgerichtete Begegnungen suchen. Es finden vielleicht mehrere Treffen statt, die trotzdem nichts Verbindliches haben müssen. Man kann bei dieser App auch feststellen, ob der andere noch weitere Kontakte hergestellt hat. Die Möglichkeit, »ganz viele Frauen bzw. Männer haben« zu können, ohne dass es zu einer richtigen Beziehung kommen muss, finden viele verlockend.

Nachdem sich Jule ausgiebig mit Freundinnen über diese App ausgetauscht hat, ist sie jedoch unsicher, ob sie sich in dieses »Single-Feld« begeben will. Besonders eine Freundin hat so schlechte Erfahrungen gemacht, dass sie noch heute fast allen Männern gegenüber misstrauisch ist.

Jule entscheidet sich gegen solche Partnersuche-Agenturen. Stattdessen konzentriert sie sich wieder mehr auf sich selbst. Sie legt das Partnerschaftsthema für eine Weile zur Seite und beginnt stattdessen, das erste Mal einen Single-Urlaub zu planen. Sie schließt sich einer Pilgerreisegruppe durch die Pyrenäen an und freut sich auf den Sommer. In der kommenden Woche beginnt ein fortlaufendes Seminar für kreatives Schreiben, eine gute Gelegenheit, sich vieler Themen bewusst zu werden. Und endlich fühlt sie auch einmal wieder Freude daran, Freunde zum Brunch einzuladen. Irgendwie kehrt ihr altes Selbstbewusstsein zurück, was nicht ohne Wirkung nach außen bleibt.

Wo die Liebe hinfällt –
Der Blick durch die rosarote Brille

___ Es ist Schulschluss. Helena rennt hastig die Treppen hinunter, um die Straßenbahn noch zu erreichen, dabei läuft sie dem neuen Kollegen Hendrik in die Arme. Ein braun gebranntes, offenes Gesicht, das von blonden Locken umspielt wird, blickt sie an. Hendrik nutzt die Gelegenheit und bittet sie um einen kollegialen Austausch.

»Ich muss zum Zahnarzt«, seufzt Helena und wirft ihre rote Haarmähne nach hinten. »Sollen wir uns verabreden?«

Am Abend sitzen sie im Club zusammen und tauschen sich bis tief in die Nacht über ihre Schulerfahrungen aus. Hendrik berührt sie dabei manchmal zart am Arm. Helena wundert sich, dass alles in ihr vibriert. Sie hat sich doch nicht etwa in Hendrik verliebt? Sie mag seine ruhige, besonnene Art, seine Stimme und sein gepflegtes Aussehen. Hendrik wiederum fühlt sich von Helena angezogen. Sie hat so etwas Unkompliziertes, Kumpelhaftes, das macht es ihm leicht, sich ihr gegenüber zu öffnen.

Die folgenden Wochen erleben die beiden als Highlight. Manchmal findet Helena kleine Briefe in ihrem Fach, die sie in der Pause »verschlingt«. Sie verbringen die meisten Nächte entweder bei ihr oder bei ihm und fühlen sich wie zwei Magnete zueinander hingezogen. Bis Hendrik nach einigen Monaten auf die Bremse tritt: »Mir wird es irgendwie zu eng mit uns. Ich hab das Gefühl, überhaupt kein eigenes Leben mehr zu haben. Meine Freunde haben sich von mir zurückgezogen, weil ich immer alle Treffen abgesagt habe. Ich brauche wieder mehr Zeit für mich!«

Helena ist verletzt, aber wenn sie ehrlich ist, geht es ihr nicht anders. Auch sie fühlt sich schon länger unfrei und reagiert Hendrik gegenüber manchmal gereizt. Sie beschließen, sich nur noch dreimal in der Woche zu sehen.

Es tritt eine größere Distanz auf, die Helena zu schaffen macht. Sie merkt, dass sie eifersüchtig auf seine Freunde reagiert, unter denen auch eine Ex-Freundin Hendriks ist. Und ihm geht ihr ständiges Nachfragen auf die Nerven, weil er den Eindruck hat, dass sie ihm nicht vertraut. Helena wirft ihm seine Wortkargheit vor und unterstellt ihm, er habe sich am Anfang ihrer Beziehung mit »falschen Federn« geschmückt. Denn er ist nicht mehr so gesprächig, und er achtet weniger auf sein Äußeres.

Es wechselt sich die Sehnsucht nach Zweisamkeit mit der Kritik am anderen ab, bis es zu einem handfesten Streit kommt. Die Grundsatzfrage »Beziehung – ja oder nein« taucht auf. Helena, jetzt Anfang dreißig, ist der »ewigen Verliebtheit« müde. Sie möchte endlich eine feste Beziehung und spricht von Kinderwunsch, fragt sich, ob Hendrik der Richtige ist. Ihr Bauchgefühl sagt Ja. Aber wenn er so unverbindlich wird, dann … Hendrik wird weich und wieder offener, allerdings bereitet ihm die Sache mit den Kindern Bauchweh. Er ist 29 Jahre und fühlt, dass er nach dem Studium gerne noch ein bisschen mehr Freiheit genießen möchte – die er sich aber gut mit Helena vorstellen kann.

Die Auseinandersetzung tut beiden gut. Sie suchen nach neuen Formen der Begegnung, aus der sich dann die Perspektive entwickelt, in einem Jahr zusammenzuziehen. Immer mehr freuen sie sich auf diese Zeit, sitzen manchmal samstags über der Zeitung und schauen sich Wohnungsangebote an. Aber bis zum nächsten Jahr ist ja Gott sei Dank noch ein bisschen Zeit.

»Verliebtheit macht blind« heißt ein altes Sprichwort. Aber wofür macht es denn eigentlich blind? Was wäre, wenn wir gleich zu Beginn einer Beziehung unser Gegenüber in der ganzen Komplexität seiner Persönlichkeit erkennen würden? Wahrscheinlich würden dann viele Beziehungen gar nicht erst zustande kommen. In der Verliebtheit begegnen wir dem Teil unseres Gegenübers, der er sein möchte und noch nicht sein kann. Gerade aus der Verliebtheit heraus, aus dieser starken Anziehungskraft zweier Menschen, schaffen wir es, über uns hinauszuwachsen, uns dem anderen von unserer besten Seite zu zeigen. Was Helena Hendrik in ihrer Auseinandersetzung unterstellt – er habe sich mit »falschen Federn« geschmückt –, können wir auch allgemeiner fassen: Wir haben etwas vom Urbild des anderen gesehen, an das wir uns in der Beziehung immer im positiven Sinne erinnern. Diesem Bild können wir treu bleiben, auch wenn wir den anderen nun wahrnehmen, wie er wirklich oder noch ist. Legen wir zu stark unser eigenes Wunschbild an, wird die Partnerschaft dadurch oft stark belastet.

Eine Partnerschaft hat ähnlich wie der Mensch eine eigene Biografie. Es werden Entwicklungsschritte gemeinsam erlebt, die in gewisser Weise den Siebenjahresrhythmen der individuellen biografischen Entwicklung ähneln. Allerdings lassen sich die Entwicklungsziele und Lernaufgaben in einer Partnerschaft nicht so leicht durchschauen, und es bedarf zuerst der Kenntnis dieses Phänomens, um daran Fragen in der eigenen Beziehung zu entwickeln und diesen nachzugehen, um zu eigenen Erkenntnissen zu kommen. Denn jede Beziehung ist selbstverständlich individuell geprägt, was heißt, dass die jeweilige Partnerbiografie einen Einfluss auf die Entwicklung und den Verlauf einer Beziehung hat.

Besonders die ersten drei Jahre einer Beziehung können unter diesem Gesichtspunkt von großer Bedeutung sein. So wie das kleine Kind in den ersten drei Jahren eine innige Bindung an die Eltern hat und gehen, sprechen und denken lernt und dann im dritten Lebensjahr »ich« zu sich selbst sagt, sind wir auch als Erwachsene in einer Beziehung besonders im ersten Jahr meist sehr aufeinander bezogen, fast so eng und manchmal symbiotisch verbunden wie Eltern und Kind.

Helena und Hendrik haben ihre Verliebtheit ausgekostet, bis Hendrik bremste und damit deutlich machte, dass er sich ein Stück weit in der Beziehung zu verlieren drohte.

Sich nach großer Nähe wieder voneinander zu entfernen tut weh und kann verunsichern, wie wir bei Helena gesehen haben. Konkurrenz und Verlustgefühle können sich breitmachen.

Erst wenn wir in der Beziehung lernen, über unsere Gefühle, Bedürfnisse und Wünsche offen zu sprechen, kann sich zwischen zwei Individuen das Tor vom Ich zum Du weiter öffnen. Hierin liegt dann ein großes Entwicklungspotenzial für die Partnerschaft – und damit kann ich mich auch wieder dem annähern, der ich sein möchte. Hier findet jetzt wie bei Helena und Hendrik die Grundsatzfrage Raum: »Beziehung – ja oder nein?«

Fragen zu können geht nicht ohne Nachdenken, ohne Reflexion der bereits gelebten Beziehungszeit:

- Was erlebe ich am anderen, was bedeutet er mir?
- Warum sind wir uns wohl begegnet?
- Was trennt uns, was haben wir gemeinsam?
- Weshalb sind wir zusammen, was verbindet uns?
- Wo kann die gemeinsame Aufgabe für die Zukunft liegen?

Ist es beim kleinen Kind das Ich-Sagen im dritten Lebensjahr, so ist es in der Partnerschaft das bewusste »Wir-Sagen«, das uns eine gemeinsame Identität verleiht. Doch diese hat man nicht einfach, sie muss erst errungen werden, und wie beim Kind gibt es auch immer wieder »Trotzanfälle« in der Beziehung, um diese neue Identität durch Widerstand zu vertiefen und stabiler werden zu lassen. Hier entsteht Bewusstheit für die gemeinsame Beziehung.

Die ersten sieben Jahre einer Beziehung sind zudem ähnlich wie in der seelischen Entwicklung das Alter von 21 bis 28 Jahren geprägt von den Phänomenen der sogenannten »Empfindungsseele«, des Teils der Seele, in dem wir vorwiegend mit Empfindungen agieren und reagieren. Wir können sie vergleichen mit der »Lehr- und Gesellenzeit«. Es geht darum, gemeinsame Erfahrungen zu sammeln, darin den eigenen Standpunkt, die eigenen Gefühle und Bedürfnisse zu erkennen und im Austausch mit dem Partner zu reflektieren.

Eine soziale Gemeinschaft entsteht aber nur dadurch, dass es zunehmend darum geht, sich auf den anderen einzulassen und hierbei eigene Gewohnheiten aus der Kindheit oder gegebenenfalls auch aus früherer Partnerschaft so zu verwandeln, dass etwas Neues, Gemeinsames in der Beziehung entstehen kann. Werden hierbei zu hohe eigene Maßstäbe an den Partner angelegt, kann dies schnell zu existenziellen Konflikten führen, was dann zu einer Überwachheit für die Schwächen und Schattenseiten des anderen führen kann und eine Gefahr für die Fortsetzung der Beziehung bedeutet. *Deshalb sind in dieser Phase die wichtigsten Voraussetzungen: Achtsamkeit und Akzeptanz dem Fremden gegenüber, gepaart mit Milde und gegenseitiger Offenheit.*

Sie können sich selbst oder als Paar Fragen stellen wie:

- Welche Gewohnheiten sind für dich/für mich wichtig?
- Gibt es Gewohnheiten an mir, die dich irritieren oder gar stören?
- Welche Gewohnheiten würden wir gerne gemeinsam anstreben und entwickeln?

Hierbei helfen gemeinsam erstellte Regeln, denn sie haben etwas mit Gewohnheiten und Ritualen zu tun, und jeder wird andere Lebensformen mitbringen. Bis sich gemeinsame Gewohnheiten gebildet haben, braucht es Zeit und immer wieder das Gespräch, um zu reflektieren, wo jeder steht.

Weitere Fragen, die Sie sich zu diesem Lebensabschnitt in Ihrer Beziehung stellen können:

- Sind Sie leicht »entflammbar«?
- Verlieben Sie sich schnell mal in jemanden?
- Welche Gefühle löst Verliebtheit in Ihnen aus?
- Haben Sie Bindungsängste?
- Was denken Sie über sich im Verlaufe einer Beziehung?
- Inwieweit wirkt Ihr Mutterbild/Ihr Vaterbild in Ihre Beziehung hinein?
- Haben Sie einen bestimmten Typus, in den Sie sich verlieben?
- Haben Sie hohe Erwartungen an Ihren Partner?
- Sind Sie schnell eifersüchtig und neigen Sie zu Konkurrenz?
- Verlieren Sie sich leicht in einer »Symbiose«?
- Was hilft Ihnen, »bei sich« zu bleiben?

Verliebt, verlobt, verheiratet und das »verflixte siebte Jahr«

—— Tina tritt kräftig in die Pedale ihres Fahrrades, in dessen Anhänger der zweijährige Max und Lina, die in wenigen Tagen ihren vierten Geburtstag feiert, sitzen. Die Strecke bergauf ist die schlimmste, sie ist völlig atemlos. Das ist aber nicht nur beim Radfahren so!, denkt Tina. Sie kann sich nicht mehr an den letzten gemeinsam verbrachten Paarabend erinnern, so lange ist der schon her. Seit die Kinder da sind und neben geteilter Elternzeit beide ihren Berufen nachgehen, bleibt wenig Raum für die Beziehung. Alex hat gerade eine führende Position im Management bekommen und gibt auch am Wochenende eine Schulung nach der anderen, während sie die Kinder versorgt und ihre Vorbereitungen fürs Referendariat macht. Der einzige Termin, den sie sich beide verlässlich freihalten, ist ihr gemeinsamer Tangoabend.

Nur nicht dran denken!, ermahnt sich Tina selbst. Ihr steigen die Tränen in die Augen. Dieser verfluchte Wind! – Nein, Tina, es ist nicht der Wind!, brüllt es aus ihr heraus.

Alex und Tina haben sich vor knapp sieben Jahren beim Tangotanzen kennengelernt. Beide waren im Fortgeschrittenenkurs, und sie erinnert sich noch heute daran, mit welcher Sicherheit Alex sie bei den Figuren durch den Tanzsaal geführt hat: die Geschmeidigkeit seines Körpers, der leichte Druck seiner Hände auf ihrem Rücken beim Richtungswechsel. Es knisterte sofort zwischen ihnen – und das Tangotanzen wurde zu einer gemeinsamen Leidenschaft in ihrer Beziehung.

Alex hatte schon damals einen Hang zu alten Traditionen – diesem Umstand verdankt sie ihren kleinen Verlobungsring und den romantischen Moment, als er während eines kurzen Wochenendtrips in Venedig stilvoll um ihre Hand angehalten hat. Ihre Freundinnen haben sie um diese Tatsache beneidet. Und heute? In gewisser Weise hat auch hier die Tradition sie eingeholt: Trotz gemeinsamer Elternzeit ist sie es, die den Hauptpart mit den Kindern meistert. Sie leben jetzt seit vier Jahren zusammen, waren in der Schwangerschaft mit Lina in eine Altbauwohnung ins Stadtzentrum gezogen, damit sie nur ein Auto brauchten. Seitdem ist Alex zielstrebig die Karriereleiter hinaufgestiegen. Genau wie sein Vater, denkt Tina. Genau wie meine Schwiegermutter, denkt Alex. Wenn er nach Hause kommt, geht ihm das »geniale Chaos«, welches Tina und die Kinder verbreiten, auf den Wecker. Er ist eher pedantisch und fängt dann an, hinter Tina herzuräumen. Das setzt sie unter Druck und ärgert sie maßlos, sodass sie oft um »Nichtigkeiten« streiten. Alex braucht Klarheit, Rhythmus und genaue Absprachen, Tina ist eher ein spontaner Typ. Sie kann auch mal alles über den Haufen werfen und sich auf Ungeplantes einlassen. Ein Kernkonflikt in ihrer Beziehung. Während Alex Erlebtes und Belastendes schnell thematisieren muss, findet Tina es mühselig, jeden Schritt in ihrem Leben zu rechtfertigen und über ihre Gefühle zu sprechen. Jeder hat Erwartungen an den anderen, die von gemeinsamen Unternehmungen, mehr Nähe und Sexualität bis hin zu mehr Zeit für sich selbst gehen. In den letzten Monaten eskalieren die Streitgespräche schnell, und es kommt zu unschönen Vorwürfen, die zu noch mehr Distanz führen. Das geht schon so weit, dass darunter die Freude am gemeinsamen Tanzen leidet und Alex an sich wahrnimmt, wie er sich über die Viertelstunde Partnerwechsel beim Tango freut, was Tina feinsinnig spürt.

Sie nimmt ihr Misstrauen zum Anlass, mit Alex über eine Paarberatung zu sprechen.

»Das verflixte siebte Jahr« weist auf ein altes Geheimnis hin, das sich in der Bedeutung der Zahl Sieben in Märchen, Mythen und der Religion, aber auch als Rhythmus in der biografischen Entwicklung zeigt und ebenso in Beziehungen zutage tritt. Tina und Alex sind in ihrem siebten Beziehungsjahr, und es scheint, als neige sich ihr »Beziehungsvorrat« dem Ende entgegen. Sehnsuchtsvoll geht der Blick zurück zum Anfang der Beziehung und konfrontiert das Paar mit seinem alten Liebesideal. So wie damals soll es wieder oder gar immer sein!

Doch eine Beziehung ist ein System, das durch veränderte Verhältnisse im Privat- und Berufsleben, wie neue Freunde und die Familiengründung, beeinflusst wird und einer Entwicklung unterworfen ist, wie wir es auch im Lebenslauf und in der Entwicklung von Organisationen erfahren. Die Pionierphase, die in neu gegründeten Institutionen alles möglich werden lässt, in der jeder die Ärmel hochkrempelt, wechselt in die Differenzierungsphase, die ein neues Bewusstsein für die Organisation benötigt und nicht selten in Krisen mündet.

Im siebten Lebensjahr wechseln bei angehenden Schulkindern die Milchzähne in die bleibenden. »Wackeln die Zähne, wackelt die Seele«, heißt es dann und meint, dass Altes abgestoßen werden muss, damit neues Bewusstsein entsteht. Ein Zustand, der verunsichert und mit wechselnden Gefühlen verbunden ist. Das Kind wird nun schulreif! Alle sieben Jahre erneuern sich die Zellen in unserem Körper, was auch hier für Entwicklung sorgt.

Tina und Alex haben die letzten Jahre mit der Familiengründung verbracht und viel Kraft in die berufliche Karriere investiert, was ihre »Paarorganisation« verändert und belastet hat. Heute wackelt ihr Beziehungsgerüst, was mit seelischen Irritationen einhergeht. Die Beziehung steht auf dem Prüfstand! Soziale Prägungen durch das eigene Elternhaus und Gewohnheiten aus der Kindheit zeigen sich in solchen Zeiten unverblümt und müssen nun, wie wir schon gehört haben, erkannt und bewusst gegriffen werden.

In gewisser Weise geht es jetzt in die Differenzierungsphase der Partnerschaft. Der zunehmende, unausgesprochene Rückzug auf die klassische Rollenverteilung sorgte bei Tina und Alex für ein Ungleichgewicht, für Unzufriedenheit und Entfremdung. Die Partnerschaft geriet immer mehr ins Hintertreffen.

Jetzt geht es darum, die unausgesprochenen Erwartungen zu hören, den anderen in seiner neuen Entwicklung und den veränderten Bedürfnissen bewusster wahrzunehmen und gemeinsam neue Ziel abzustecken. Dann kann aus dem »verflixten siebten Jahr«, das symptomatisch für die schmerzhafte Entfaltung eines neuen Selbstgefühls stehen kann, eine Verwandlung hin zu einer neuen Reife im »Wir-Gefühl« entstehen.

Tina und Alex haben das Tangotanzen vorerst auf Eis gelegt, sie gehen dafür wöchentlich in die Sauna und genießen die Gespräche im Bademantel am Kamin.

Beim Übergang in das zweite Beziehungsjahrsiebt lassen viele Paare Federn. Hat die Partnerschaft eine Erweiterung in die Elternschaft erfahren, birgt dies für ein Paar ganz neue Herausforderungen in sich. Vergleichen wir wieder den Beziehungszeitraum zwischen sieben und vierzehn Jahren einer Paarbiografie mit der individuellen Biografie: Im zweiten Jahrsiebt wandelt sich physisch gesehen das Kindergartenkind zum Schulkind. Neue Verstandeskräfte sind im Kind erwacht und erweitern seinen Horizont. Mit dem neunten Lebensjahr sprechen wir von der ersten Atemreife und einem seelischen Übergang, dem Rubikon. Jetzt erlebt das Kind eine seelische Vertiefung und ein waches Bewusstsein für sich selbst als Individualität. Der erste Abschied von der Kindheit! Dieser ist oft gepaart mit kritischem Verhalten den Eltern gegenüber und Einsamkeit im Sozialen.

Um das zwölfte Lebensjahr beginnt man die Kindheit endgültig hinter sich zu lassen und in die Vorpubertät einzutreten. Bei all diesen Übergängen geht es darum, dass sich das Ich tiefer mit dem Körper und der Seele verbindet, um mit 21 Jahren zum Dirigenten seines Seelenorchesters zu werden.

Was bedeutet das übertragen auf den Beziehungsrhythmus? Wir haben gehört, dass sich der »Beziehungsvorrat« dem Ende entgegenneigen kann. Was bis dahin auf der Empfindungsebene vielleicht mit Intuition und guten Absprachen funktionierte, gelingt auf einmal nicht mehr. Sich als ein Teil der Beziehungsgemeinschaft zu fühlen tritt immer mehr in den Hintergrund. In der seelischen Entwicklung findet eine Metamorphose von der Empfindungs- in die Verstandes- und Gemütsseele statt; was sich zuvor auf der Empfindungsebene abspielte, bekommt nun eine stärkere gedankliche und emotionale Vertiefung durch die gemachten Erfahrungen. Biografisch geht man in eine neue Lebensphase über: Die »organisatorische Phase« beginnt. Der Beruf steht, wie bei Alex, häufig im Vordergrund, man strebt eine größere Professionalität und mehr Erfolg an. Auch auf Familie und Partnerschaft bezogen findet eine tiefere Gründung statt, die sich oft in einem Hausbau oder -kauf auch nach außen hin bemerkbar macht. Auch im emotionalen Bereich zieht mehr Rationalität ein, und häufig bestimmen strengere Strukturen den Alltag. Die Seele des Einzelnen, in der Empfindungsseelenzeit noch offen und vielfach kompromissbereit, verdichtet sich gewissermaßen mehr, um stärker bei sich selbst anzukommen. Jeder der Partner durchläuft im Idealfall einen Individualisierungsprozess. Dies bedeutet ein Einschlag in die Paarbeziehung. Entweder führt dieser Umstand zu einer neuen Vertiefung in der Beziehung oder zu Entfremdung und Einsamkeit.

Fragen, die Sie sich zu dieser Phase stellen können:

• Wann hatten Sie das erste Mal das Gefühl, dass Ihr »Beziehungsvorrat« zur Neige geht?

• Ging diese Tatsache mit Ihrer persönlichen Entwicklung parallel?

• Wie hat sich das genau in Ihrer Beziehung, aber auch bei jedem von Ihnen gezeigt?

• Haben Sie unausgesprochene Erwartungen an den anderen gehabt?

• Haben Sie im Laufe der Beziehung eine Gesprächskultur entwickelt? Wie pflegen Sie Ihre Kommunikation?

• Können Sie über Ihre Gefühle, Sehnsüchte, Ängste etc. sprechen?

• Halten Sie eine stärkere Differenzierung/Individualisierung in Ihrer Partnerschaft aus? Was löst das gegebenenfalls in Ihnen aus?

• Wenn Sie ein Los ziehen dürften, was sollte auf Ihrem Gewinn in Bezug auf Ihre Partnerschaft stehen?

Midlife-Crisis in der Partnerschaft

— Henri kommt todmüde von der Baustelle, wo er gerade die letzten Fliesen verlegt hat. In einem Vierteljahr soll der Umzug ins neue Haus stattfinden. Der Druck, der auf seinen Schultern lastet, steigt allmählich zum Überdruck an. Hoffentlich sind die Kinder schon im Bett und Miriam ist zum Elternabend gegangen, denkt Henri, denn er hat keine Lust mehr auf den nervigen Alltagsstress. Wenn er gewusst hätte, was mit dem Bau des Hauses auf ihn zukommen würde, hätte er sich dagegen entschieden. Es ist jetzt zwei Jahre her, dass Miriam, heute 37 Jahre, und er, Henri, 39 Jahre, sich entschieden haben, ein Haus in der neuen Ökosiedlung zu bauen. Sie sind jetzt seit dreizehn Jahren zusammen, haben zwei Kinder und kamen besonders im letzten Jahr immer wieder an Schmerzpunkte, die ihre Beziehung infrage stellen.

Miriam öffnet ihm verärgert die Tür: »Musst du immer so spät kommen? Ich sitze wie auf heißen Kohlen. Mir scheint, du bist mehr mit dem Haus verheiratet als mit mir.«

Das hat gesessen! Henri weiß, warum er sich Miriam bereits auf dem Elternabend gewünscht hat. Sie steht frisch geduscht und bereit zum Aufbruch vor ihm.

»Ich geh noch mit Malte was trinken, wir müssen am Rundbrief arbeiten«, wirft sie ihm nebenbei zu – und weg ist sie.

Henri holt sich frustriert ein Bier, schaltet den Fernseher ein, zappt durch die Programme und geht dann wütend ins Bett.

Abrupt steht er wieder auf, nimmt sein Bettzeug und quartiert sich im Arbeitszimmer auf der Couch ein. Als Miriam nachts nach Hause kommt, findet sie das leere Bett vor.

Ein Sinnbild für ihre Beziehung, denn es ist nicht nur im Bett eine Leere eingetreten, sondern auch seelisch. Irgendwie haben sie sich voneinander entfernt, eine Entfremdung hat stattgefunden. Als sie mit der Hausplanung beschäftigt waren, fühlte sich alles noch stimmig für sie an. Doch inzwischen sind zwei Jahre vergangen und sie haben sich auseinandergelebt. Henris Leben besteht nur noch aus Arbeit: Tagsüber ist er in der Baufirma und abends auf dem Bau. Er denkt nicht viel darüber nach, er funktioniert einfach. Anders ist es bei Miriam, sie hat keine Lust mehr auf dieses Zusammenleben und stellt gerade alles infrage, auch den Hausbau. Zu lange hat sie sich zurückgenommen. In ihr rebelliert es – sie hat Sehnsucht nach LEBEN! Die Kinder fordern viel von ihr, und auch das ist ihr zu viel. Am liebsten würde sie noch einmal eine neue Ausbildung beginnen, denn in ihrem Beruf als Krankenschwester ist sie nicht glücklich. Midlife-Crisis auf allen Ebenen!

Henri hat lange genug »funktioniert«, jetzt aber kann er die Egozentrik von Miriam nicht mehr gut ertragen. Eigentlich ist es ein nichtiger Anlass gewesen, und doch hat ihn dieser Satz, er sei mehr mit dem Haus verheiratet als mit ihr, sehr gekränkt. Was denkt sie sich eigentlich? Für wen macht er das denn alles? Inzwischen hätte auch er größte Lust, alles zu kappen. Waren sie nicht glücklicher ohne dieses große Projekt? Auch Henri weiß im Moment gar nicht mehr, was er will. Wenn die Kinder nicht wären, hätte er schon lange einen deutlichen Punkt gesetzt. Außerdem bemerkt er, dass Miriam wieder mehr Wert auf ihr Äußeres legt – aber das scheint nicht ihm zu gelten. Denn während früher sie es war, die ihn verführte, so läuft nun seit Monaten »im Bett« gar nichts mehr. Miriam scheint auf allen Ebenen zu rebellieren.

Der Übergang in eine neue Beziehungsphase verläuft nicht selten krisenhaft. Wie in der Einzelbiografie kommt auch eine Partnerschaft um das vierzehnte Jahr in eine Art Pubertät, die zum großen Prüfstein für die Beziehung werden kann. Die Partner haben sich aufeinander eingestellt. Meist haben Kinder das Paar zu einem Familiensystem werden lassen, in dem jeder seine Aufgaben als Mutter und Vater gefunden hat und »funktioniert«. Zukunftspläne wurden geschmiedet und mündeten nicht selten – wie auch bei Henri und Miriam – in eine tiefere Verwurzelung durch ein »Eigenheim«, in dem man gerne neu ankommen möchte.
In gewisser Weise ist es jetzt wie beim Besteigen eines Berges: Die Partner haben ihren Wanderweg gemeinsam begonnen, manche Mühen bereits auf sich genommen und sind dabei, die Spitze des Berges zu erklimmen. Inzwischen sind die frischen Beziehungskräfte aber verbraucht, und so steht man oben auf dem Berg entweder mit einem guten, zukunftsträchtigen Ausblick oder mit der Sorge, dass es von nun an bergab gehen wird. Dann taucht die Frage auf: Und was nun? Wohin will ich? Wohin soll es mit uns gehen?
Findet diese Pubertätsphase der Beziehung auch noch eine Entsprechung im Lebensalter der Partner zwischen 35 und 42 Jahren, so können wir – wie bei Miriam und Henri – eine Verdoppelung erleben. In der Biografie findet in diesen Jahren eine Art Midlife-Krise statt. Beide erfahren,

wenn auch auf unterschiedliche Weise, ein Aufwachen im eigenen Leben und in der Beziehung. Alles kommt unter den »Hammer des Bewusstseins« und wird geprüft.

Hat die eigene Pubertät nicht genügend Erlebnis- und Erfahrungswelt bieten können, wird sie oft in dieser Beziehungsphase in Form von neuen Abenteuern und neuen Idealen nachgeholt. Im Alter zwischen 35 und 42 Jahren sprechen wir von der Entwicklung der Bewusstseinsseele. Die äußere Biografie stand bis zur Lebensmitte im Vordergrund. Leise beginnt nun die innere Biografie zu erklingen. Da jeder Mensch der Komponist seiner eigenen Lebensmelodie ist, erklingt ihr Weckruf auch auf individuelle Weise. Es findet eine Art Selbstbegegnung mit der Herausforderung zur Selbsterkenntnis statt. Diese Lebensphase ist zu vergleichen mit einer Raupe, die einen Kokon um sich spinnen muss. In diesen Kokon schlüpft der Mensch und leistet oft unter Einsamkeit seine Selbstbesinnungsarbeit, um sich dann im Alter von etwa 40 Jahren in neuer, innerer Freiheit schmetterlingsgleich über sich selbst zu erheben. Eine neue Lebensqualität wird spürbar, denn nun haben 21 Jahre seelischer Entwicklung ihren Abschluss gefunden. Eine höhere Stufe des »Erwachsenseins« mit einer anderen Form der Verantwortung und Lebensbetrachtung beginnt.

Miriam und Henri haben sich durch den Hausbau einer großen Herausforderung gestellt. Beide erleben sie in sich einen Aufwachmoment, der ihre Partnerschaft auf den Prüfstein stellt. Sie brauchen einerseits einen klaren Blick für die Aufgaben in ihrem Alltag und andererseits den oben beschriebenen Raum für eigene Entwicklung. Hier hilft erst einmal eine Trennung der sachlichen von der Beziehungsebene, denn nur allzu schnell vermischen sich die unterschiedlichen Baustellen miteinander.

Die individuelle Fragestellung, die im Innern leise auftaucht, kann lauten:

- Welchen Wert hat mein Leben bisher gehabt?
- Welche Handlungsstrategien habe ich bisher entwickelt?
- Was waren meine zentralen Lebensfragen?
- Wo bin ich gescheitert?
- Was erfüllt oder trägt mich nicht mehr?
- Was hat weiterhin Tragekraft in meinem Leben?

Das Projekt »Hausbau« wirft noch einmal für jeden der beiden existenzielle Fragen auf:

- Was bedeutet mein Partner/unsere Beziehung für mich?
- Was bedeuten meine Kinder für mich?
- Welche biografischen Beziehungsmuster verfolge ich in meinem Leben?
- Was bin ich bereit für die Partnerschaft einzusetzen?
- Vor was flüchte ich durch Arbeit, Alkohol, Außenbeziehungen?
- Wie will ich mich weiterhin begründen?

Bevor jedoch das Haus bezugsfertig ist, benötigt das vernachlässigte Beziehungshaus die volle Aufmerksamkeit und gegebenenfalls einen »architektonischen Umbau«.[3]

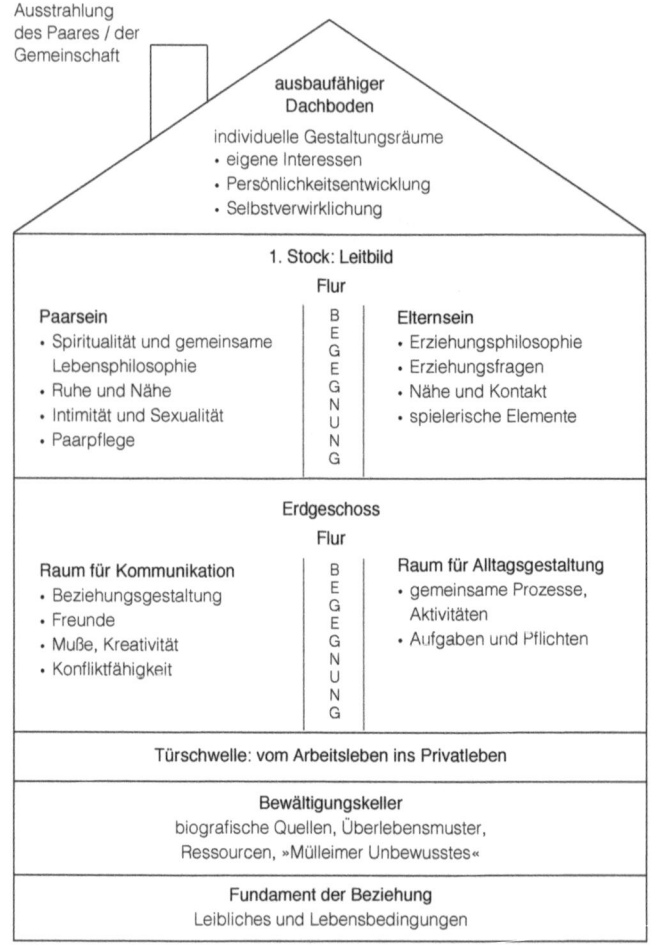

Stellen Sie sich ganz unabhängig von Ihrem eigenen physischen Zuhause anhand des eigenen inneren Hausbildes Ihr Beziehungshaus vor. Auf welchem Fundament – physischer, seelischer und geistiger Art – steht Ihr Beziehungshaus?

Es gibt den Eingangsbereich mit den verschiedenen Fluren, der vergleichbar mit den täglichen kurzen Begegnungen sein und auch dafür stehen kann, wie offen eine Beziehung ist. Wie ist die Haustür beschaffen? Finden Freunde den Weg durch den Eingangsbereich in das Haus? Wir hatten lange Zeit in unserem kleinen Eingangsflur noch ein Schuhregal stehen, sodass die Tür gar nicht ganz aufging. Erst als eine Freundin scherzhaft sagte: »Na, ihr wollt wohl keinen reinlassen?«, ging mir ein Licht auf. In der Tat war es eine Zeit, in der wir sehr viel mit uns zu tun und wenig Außenkontakte hatten. Erst der äußere Anlass machte uns darauf aufmerksam. Nach kurzer Zeit verschwand das Regal, und die Tür stand wieder weit offen. Gibt es eine Schwelle in Ihrem Beziehungshaus, die Sie bewusst überschreiten? Wie viel aus Ihrem beruflichen Alltag wird unbewusst und ungestaltet mit in Ihr Haus getragen?

Der Küchen- und Essbereich kann für gemeinsame Entwicklungsprozesse stehen. Ob als Paar oder als Familie sei hier gleichgestellt. Dort finden Verwandlungsprozesse über das Kochen und Pflegen des Hauses statt. Hier werden die Mahlzeiten eingenommen, Gespräche miteinander geführt, Pläne geschmiedet, vielleicht sogar Konflikte ausgetragen. Dieser Bereich war in früheren Zeiten mit der Feuerstelle in der Mitte eines Hauses das Zentrum und die Wärmequelle einer Familie.

Der Wohnbereich steht für Muße, Kreativität, Spiel und Spaß, Nähe, Gespräche und schafft vielleicht über einen Kamin äußere und innere Wärme zwischen den Familienmitgliedern.

Stellen wir uns den Gang in den ersten Stock vor. Dort

finden wir das Paarschlaf- und Kinderzimmer. Das Paarzimmer steht für Ruhe, Miteinander, Nähe, Intimität und Sexualität der Partner. Das Kinderzimmer spricht sowohl die Kinder als auch das Elternsein an. Wird beispielsweise das Elternsein zu stark in das Paarzimmer verlagert, indem immer wieder Kinder mit im Ehebett schlafen, oder werden dort die Sorgengespräche um die Kinder bis in die Nacht hinein geführt, findet eine Störung statt, die sich bis zu einer »Funkstörung« ausweiten kann (siehe Seite 69 ff.). Gehen wir noch ein Stockwerk höher in das Dachstübchen. Hier finden wir zwei kleine Mansarden, die jeweils einem der Partner gehören. Im übertragenen Sinne meint das einen ganz eigenen Lebensbereich der Partner. Ein individueller Entwicklungsraum, ein innerer Rückzugsraum, in den jeder gehen kann, wenn er aus der Bezogenheit auf den anderen heraus sich selbst wiederfinden möchte oder sogar muss. Hier finden wir die biografischen Eigenheiten, die Familiengeheimnisse, aber auch die ganz intimen Wünsche und Sehnsüchte. Es ist eine Art Entwicklungsraum, den wir dem anderen zugestehen sollten. An diese Tür kann man immer wieder vorsichtig klopfen und auf Einlass hoffen. Sie lässt sich jedoch nicht gewaltsam öffnen.

Nun gehen wir noch einmal ganz hinunter in den Keller. Manche Keller sind gut sortiert und werden immer wieder entrümpelt, andere quellen über von Altlasten. Sinnbildlich können wir in diesem Bereich nach den sogenannten »Leichen im Keller« fragen. Gibt es alte Verletzungen in der Beziehung, die immer mal wieder für Disharmonien im Haus sorgen?

Der Gedanke eines Beziehungshauses stellt eine Metapher

dar. Über diese kann deutlich werden, um wie viele Räume es sich eigentlich in einer Beziehung handeln kann.

Sie können sich hierzu folgende Fragen stellen:

- Wie sehen Ihre Beziehungsräume aus? Vielleicht weichen sie von der Beschreibung ab, dann gestalten Sie Ihr ureigenes Beziehungshaus.
- Gibt es Räume, die unbewohnt sind oder Baustellencharakter haben?
- Welche Räume bedürfen der besonderen Pflege?
- Wie, wann und wo wird miteinander gesprochen?
- Welche seelische Qualität im Sinne einer Neueinrichtung braucht der Beziehungsraum, in dem wieder Nähe und Sexualität entstehen kann?
- Wie kann das Dach neu gestaltet oder gedeckt werden, dass eine neue, gemeinsame, ideelle Richtung wachsen kann?
- Wo gibt es innere Rückzugsräume für jeden Einzelnen, die der andere akzeptiert und durch die für jeden ein Stück neue Freiheit erwachsen kann?

Durch die gemeinsame Auseinandersetzung mit diesen Fragen können Miriam und Henri ein sicheres Fundament legen, um aus ihrem »Hausbau« keine »Beziehungsruine« entstehen zu lassen.

Die Ursprungsfamilie – Bedrohung oder Kraftquelle für die Partnerschaft?

— Die Haustür fällt mit lautem Knall ins Schloss. Jan verlässt wütend die Wohnung, während Klara weinend im Wohnzimmer bleibt. Der letzte Streit liegt noch nicht lange zurück. Es war Anfang November, als klar wurde, dass auch in diesem Jahr Klaras Eltern nebst Bruder zu ihnen zum Weihnachtsfest kommen – und damit auch den Ablauf des Heiligabend bestimmen würden. Wie jedes Jahr! Nun steht Ostern bevor, und Jans Schwiegereltern haben sich gerade per Telefon angekündigt. Klara schafft es einfach nicht, auch mal Nein zu sagen. Während ihr Mann froh ist, sich aus den »Fesseln der Familie« gelöst zu haben, pflegt Klara eine enge Verbindung zu ihrer Familie.

Am Anfang ihrer Beziehung hat Jan sich noch gefreut und sich um Annäherung an seine Schwiegerfamilie bemüht, doch als diese sich zunehmend in ihre Privatsphäre eingemischt hat – seine Schwiegermutter bügelt seine Hemden, der Schwiegervater beäugt kritisch seine Freiberuflichkeit als Journalist –, hat Jan sich etwas distanziert. Das sorgt für Spannungen in seiner Ehe.

Aus Jans Sicht ist Klara zu angepasst, was sich besonders in der Erziehung ihrer Kinder zeigt, wenn Klara den kritischen Blick ihrer Mutter übernimmt oder ständig alles aufräumt. Für Jan ist es alles einen Tick zu harmonisch in der Familie seiner Frau. Da ist es bei ihm ganz anders. In seiner Familie ging es früher immer laut zu – na ja, sein Türenknallen und die Angewohnheit, einfach das Haus zu verlassen, kommen nicht von ungefähr. Klara wirft ihm gerne mal vor, der »Stänkerer« in der Familie zu sein, weil er Konflikte anspricht. Seit die Kinder da sind, entdeckt er in sich aber auch eine Strenge und Schärfe, die er früher niemals für möglich gehalten hätte, als ob sein Vater einen Teil in ihm besetze. Jan ist wütend auf sich selbst, dass er seine Gefühle nicht besser im Zaum halten kann. Er geht aufgebracht und hilflos im Stadtpark umher, möchte am liebsten eine Aussprache mit Klara: Etwas muss sich ändern in ihrer Beziehung!

Beziehungen sind ein vielschichtiges Geflecht, und es lohnt sich, deren Wurzeln und besondere Dynamik zu erkennen. In unserer Kindheit und Jugend haben wir alle ganz unterschiedliche individuelle Prägungen erlebt, die unbewusst in neue Beziehungen und Gemeinschaften hineinwirken, wenn sie nicht von uns durchschaut und verwandelt werden. Bildhaft gesprochen trägt jeder von uns einen Rucksack mit sich, der gefüllt ist mit den Erfahrungen der eigenen Ursprungsfamilie: Bin ich ein Erst-, Zweit- oder Drittgeborener oder vielleicht ein Einzelkind? Je nachdem habe ich unterschiedliche soziale Erfahrungen und Prägungen. Wie wurde in der Familie mit Konflikten umgegangen? Gab es verbale oder körperliche Gewalt oder ein starkes Harmoniebedürfnis, sodass Probleme nicht angesprochen werden konnten? Bin ich ein Scheidungskind, das sich zerrissen fühlte und ständig ein loyales Verhalten an den Tag gelegt hat? Bin ich aufgrund eines Schicksalsschlages nur mit einem Elternteil groß geworden?

Tatsache ist: Jede Familie hat ihre eigenen Regeln, und wie jemand die Welt erlebt und welches Bewusstsein er dabei hat, hängt unter anderem stark von seiner Position und Funktion im Netzwerk der Ursprungsfamilie ab. Hierbei gibt es geschlossene und offene Systeme. In einem geschlossenen System herrschen oft rigide Regeln und Werte vor, deren Einhaltung wichtiger ist als die individuelle Entfaltung und die Bedürfnisse der einzelnen Familienmitglieder. Dies vermittelt eine scheinbare Sicherheit oder auch Harmonie. Dabei wird großer Wert auf die Meinung anderer gelegt. In offenen Familiensystemen sind dagegen Veränderungen möglich. Gefühle wie Ärger, Frustration, Angst und Trauer, aber auch Liebe und Verbundenheit können gelebt und Bedürfnisse nach Freiheit, Eigenständigkeit und individueller Entfaltung dürfen gezeigt und entwickelt werden.

—— Jan und Klara kommen aus ganz unterschiedlichen Familiensystemen, die ihr eigenes Familienleben stark prägen. Klara hat eine enge Bindung an ihre Eltern, die ihre Tradition in der Familie ihrer Tochter fortsetzen wollen. Jans Bedürfnisse finden dabei wenig Berücksichtigung, wodurch er in alte Verhaltensmuster seines Vaters verfällt, der oft Türen knallend das Haus verlassen hat. Er wünscht sich, das Alte zu durchbrechen und sein ganz eigenes Familienleben zu gestalten – eigene Werte und auf ihn und Klara zugeschnittene Traditionen zu entwickeln. Er ist nicht mehr bereit, sich von seinem Schwiegervater abwerten zu lassen – und seine Hemden kann er selbst bügeln! – Jan geht mit neuem Mut zurück zu Klara, die inzwischen mit ihrer Mutter telefoniert hat, um den Osterbesuch infrage zu stellen. Wenn Jan Klara wegen ihrer engen Verbindung zu ihren Eltern kritisiert, fühlt sie sich oft wie vor den Kopf gestoßen. Er problematisiert damit etwas, was bisher für sie völlig in Ordnung war.

Familiäre Vorbilder und Gewohnheiten sind wie Trampelpfade im Gehirn. Sie haben sich uns eingeprägt und wirken von Generation zu Generation im Unbewussten weiter. Sie können uns zum Fluch oder zur Kraftquelle werden.

Da heute alles am »Tor des Bewusstseins« geprüft wird, dürfen wir auch bei den familiären Bindungen und Gepflogenheiten nicht haltmachen. Jan und Klara sind ein Beispiel für eine moderne Partnerschaft, in der Individualität und Authentizität gelebt werden wollen: Wie wollen wir Partnerschaft und Familie leben? Wie Feste feiern? Was dürfen Eltern in unserem Haus tun, was sollten sie unterlassen? Was schätzen wir an den Traditionen der Eltern und wollen es bewusst weiter pflegen? Aber auch die Frage, wie die Eltern in meinem Frauen- bzw. Männerbild familiär und gesellschaftlich in mir weiterleben, bietet genügend Entwicklungspotenzial für die Zukunft einer Partnerschaft.

—— Jan will nicht mehr wie sein Vater Türen knallend das Haus verlassen, sondern Klara ruhig seine Sichtweise schildern und um eine gemeinsame Zukunftsvision mit ihr ringen. Klara sieht Jan jetzt nicht mehr als Bedrohung, sondern als

Chance, um mit seiner Hilfe zu mehr Eigenständigkeit und Freiheit zu gelangen. Und wenn dabei herauskommt, dass sie auch im nächsten Jahr Ostern miteinander feiern, dann nur unter erneuerten Bedingungen!

Systemischer Blick auf Beziehungen und Familie

Lassen Sie uns an dieser Stelle einmal genauer auf die Entstehung eines Familiensystems und die Bedeutung der Geschwisterfolge schauen, weil sich daran ein größeres Verständnis für die komplexen Aufgaben in einer Partnerschaft und Familie entwickeln lässt.

Mit der Geburt eines Kindes treten wir aus einer Paar- oder Zweier-Beziehung, systemisch Dyade genannt, in eine »Triade«, bestehend aus Mutter, Vater und Kind, ein. Jetzt sind wir Eltern! Weitere Kinder bilden wiederum eine Triade mit den Eltern, aber auch mit ihren Geschwistern.

Betrachten Sie die Skizze auf Seite 50. Vervollständigen Sie anschließend das Bild Ihrer Dyade mit Ihrem Partner dahingehend, dass Sie hinter sich Ihre Ursprungsfamilie triadisch erfassen. Hierdurch erfahren Sie etwas über Ihre sogenannte Primärtriade, durch die Sie in Ihrem Lebenslauf geprägt worden sind, denn die Primärtriade ist die wesentliche Quelle für die Identität des »Selbst«. Die Erfahrungen in der Primärtriade bestimmen, wie sich ein Kind in der Welt, in einer Gemeinschaft beheimaten und wie viel Vertrauen es zu anderen Menschen haben kann. Ebenso werden die Mechanismen zur Stressbewältigung bereits im frühen Kindesalter gelegt. Das Kind erfährt Diskrepanzen

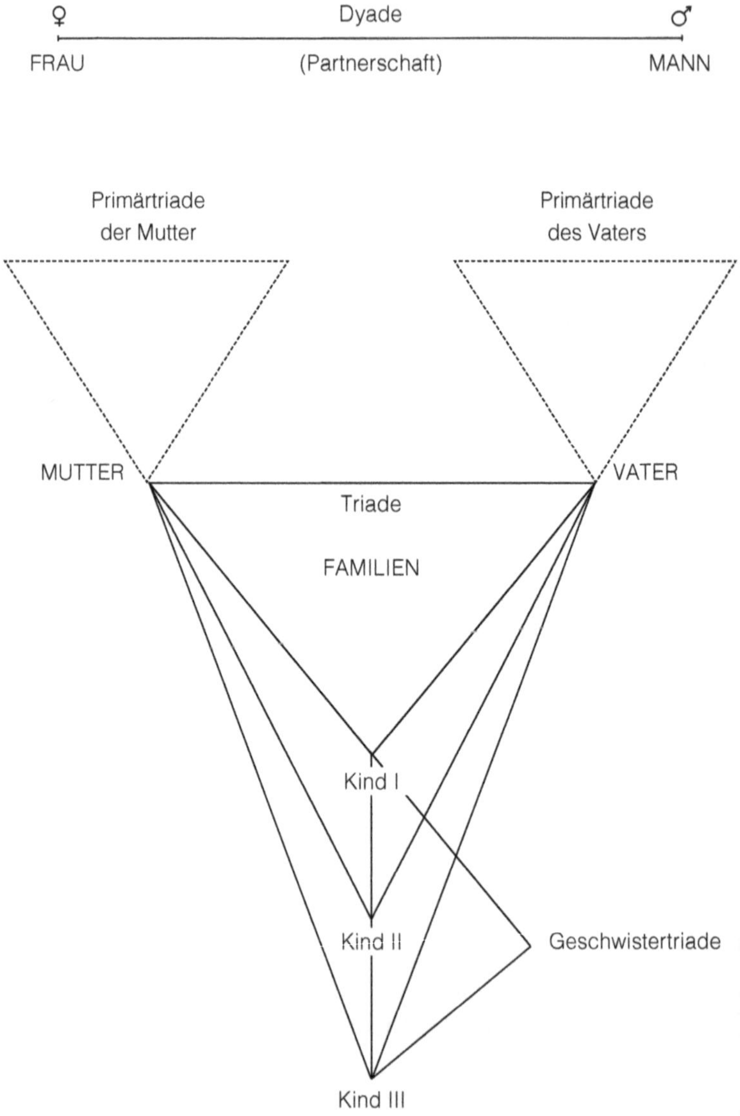

FRAU ♀ ——— Dyade ——— MANN ♂

(Partnerschaft)

Primärtriade
der Mutter

Primärtriade
des Vaters

MUTTER

VATER

Triade

FAMILIEN

Kind I

Kind II

Geschwistertriade

Kind III

in der Kommunikation durch inkongruente Botschaften, die es dann für sich interpretieren muss. Fühlt sich ein Kind immer wieder von den Interaktionen der primären Triade ausgeschlossen, zeigen sich Entwicklungsauffälligkeiten, die das Selbstwertgefühl des Kindes beeinträchtigen.

Wir haben gehört, dass es offene und geschlossene Systeme gibt. In einem geschlossenen System herrschen strenge Regeln; eine Anpassung an die anderen, an Normen ist wichtiger als die Erfüllung der Bedürfnisse der einzelnen Familienmitglieder; es herrscht ein großes Bedürfnis nach Sicherheit. Damit verbunden ist die Angst vor Veränderungen, vor Bloßstellung, vor Kritik.

In einem offenen System steht die Kommunikation mit an erster Stelle, und innerhalb des Systems sind Veränderungen möglich und werden vor allen Dingen vom anderen auch akzeptiert. »Kontakt vor Konzept« könnte die Devise in offenen Systemen sein. Gefühle und Bedürfnisse, wie Ärger, Angst, Frustration, aber auch Hoffnung, Nähe und Liebe, dürfen gelebt und gezeigt werden. Es herrscht eine grundsätzlich angstfreie Atmosphäre im Familienzusammenhang.

In ein Familiensystem wirken also immer die eigenen »Systemerfahrungen« mit hinein und können für Spannungen und Konflikte sorgen. Fühlt sich ein Familienmitglied über einen längeren Zeitraum nicht genügend gesehen, entwickelt es Bewältigungsstrategien, die sich als Störfaktoren zeigen, und so kann ein Familienmitglied zum Symptomträger für ein Problem werden, welches in der Familie begründet liegt. Je stärker jedoch die eigene Bewusstseinsarbeit ist, desto mehr besteht die Chance, Störungen innerhalb eines Familiensystems wahrzunehmen und als Eltern bzw. Familie miteinander zu verwandeln. Störungen in einem Familiensystem können auch über nicht anwesende, aber doch im »inneren Team« eines Partners vorhandene Familienmitglieder aus seinem Ursprungssystem entstehen.

— Tilda und Arno sind besorgt um ihren elfjährigen Sohn Markus. Er ist seit einem halben Jahr in der Schule abgefallen und geht immer weniger soziale Kontakte ein. Ihr Hund Oskar ist sein Ein und Alles. Trotz seiner elf Jahre nässt er in letzter Zeit hin und wieder ein, außerdem leidet er besonders nachts unter Angstattacken. Kommt er dann ins elterliche Schlafzimmer, liegt dort oft der Vater allein, weil die Mutter immer öfter auf Dienstreisen ist. Sie hat seit einem Jahr eine leitende Position in einer Arzneimittelfirma.

Bevor die Eltern mit Markus einen Psychologen aufsuchen, gehen sie in die Familienberatung. Dort wird deutlich, dass sie sich als Paar bereits vor zwei Jahren stillschweigend getrennt haben, aber den äußeren Familienrahmen weiterhin aufrechthalten wollen. Während Arno innerlich noch an seiner Frau festhält, hat Tilda seit einem guten halben Jahr eine Beziehung mit einem Kollegen. Sie sehen sich nicht oft, aber nehmen immer öfter Dienstreisen gemeinsam wahr und verlängern diese auch gerne um eine Nacht. Markus weiß scheinbar von alldem nichts. Doch scheint er auf einer anderen Ebene ganz viel zu spüren, zu wissen. Auf was will er aufmerksam machen?

Markus ist nicht das Problem in seiner Familie, sondern er ist ein Symptom dafür, dass die Paarbeziehung der Eltern nicht mehr gelebt wird. Sie wollen ihm weiterhin Eltern sein, ohne ihn von ihrer Trennung in Kenntnis zu setzen. Erst als Tilda und Arno das klar wurde und sie keinen anderen Weg mehr sahen, als ihm die Wahrheit zu sagen, konnte Markus endlich seine angestaute Wut und die über die Blase fehlgeleiteten Tränen loswerden. Als Tilda aus der Wohnung der Familie auszog, war Markus noch mal sehr verzweifelt und traurig, aber er hatte endlich die »Erlaubnis«, seine unbewussten Gefühle wahrzunehmen und zu benennen, was ihm wieder neue Möglichkeiten eröffnete, soziale Kontakte zu pflegen.

Paardynamik und Geschwisterfolge

In einer Paarbeziehung kann ferner die eigene Geschwisterfolge eine Bedeutung haben. Die Stellung in der Geschwisterreihe ist mit ausschlaggebend für das Verhalten eines Menschen innerhalb einer Gemeinschaft. Diese Stellung bestimmt ganz wesentlich die Art, wie der Mensch – das Kind – auf andere Menschen reagieren und ob er sich mit ihnen anfreunden kann.

Wir unterscheiden zwischen dem einzigen Kind, dem Erst-, Zweit- und Drittgeborenen. Beim Viert-, Fünft- und Sechstgeborenen usw. wiederholen sich die sozialen Züge in abgeschwächter Form wie bei den ersten Kindern. Änderungen wie Tod, schwere, chronische Erkrankungen oder Behinderungen, wodurch sich die soziale Struktur innerhalb der Gemeinschaft wandelt, führen meist zu erhöhten seelischen Spannungen in den Persönlichkeiten.[4]

Ein einziges Kind empfindet sich oft wie in der Tür des

elterlichen Hauses stehend und sich weder drinnen noch draußen fühlend, sondern auf der Schwelle verbleibend. Es neigt dazu, ein Beobachter zu sein, und hat es schwer, sich zu vergessen. Es bildet eher einen Abstand zwischen sich und der Umwelt, sehnt sich andererseits aber danach, wie die anderen zu sein. Ein Einzelkind kann sich wie ein »Schäfer ohne Herde« oder ein »Fürst ohne Gefolge« erleben.[5] Innerhalb der Familie hat es niemand anderen als seine Eltern, die aber nicht seinesgleichen sein können, da sie Erwachsene sind. Es »ist allzu oft geneigt, sich um eine besondere Anerkennung und Wertschätzung in der Gemeinschaft zu bemühen. Da es ihm nicht möglich ist, einer unter den vielen zu sein, sehnt es sich nach einer Ausnahmestellung, und nach einem höheren Platz im Leben.«[6]

Das erste Kind ist nun im Gegensatz zum einzigen ein »Schäfer mit Herde«, aber zunächst genießt es als Erstgeborener auch diese Einmaligkeit in allem: Schwangerschaft, Geburt und erste Entwicklungsschritte. Alle Aufmerksamkeit ist auf ihn gerichtet.

Kommt dann ein weiteres Kind, fühlt sich das erste meist vom Thron gestürzt und wird ein Revierverteidiger. Häufig sind die Erstgeborenen das Bindeglied zwischen den Eltern und Geschwistern, aber sie können sowohl eine »Brücke« als auch eine »Trennwand« bauen. Das erste Kind ist kein einsames Wesen, sondern trägt eine führende Rolle in sich. Es ist von Anfang an mit dem Bewusstsein seiner selbst erfüllt. Es verliert dadurch manchmal leicht seine natürliche und unbeschwerte Art.

Das zweite Kind ist ein Eroberer. Es muss sich seinen Platz, den das erste Kind besetzt hält, erobern. Es wird auch gerne als ein tendenzieller Rebell bezeichnet[7] und hört nicht gerne auf die Stimme der Autoritäten. In ihm steht aber auch ein Entdecker, ein Bahnbrecher vor uns. Ein zweites Kind zu sein heißt, sich auf einem Seil, das zwischen Himmel und Erde ausgespannt ist, entlangzubewegen. Es muss das Gleichgewicht zwischen oben und unten halten. Zweitgeborene haben oft noch einen Glanz, durch den sie den Erstgeborenen in den Schatten stellen.[8]

Zwischen dem dritten Kind und den ersten beiden Kindern breitet sich oftmals ein Graben aus. Das erste und das zweite Kind gehören zusammen, und das dritte wird schnell zum Außenseiter. Es kann von Anfang an eine Art Fremdling sein. Die Eltern und die beiden Geschwister stehen vor ihm, und es erlebt sich oft als das einzige – vielleicht als das letzte Kind. Es trägt kämpferische Merkmale und ringt um Gleichberechtigung. Ist es nicht so kräftig ausgestattet, kann es sich leicht gekränkt fühlen. Je nach Altersunterschied können sich aber auch das zweite und dritte Kind stärker miteinander verbinden, sodass der Erstgeborene mehr für sich steht. Ebenso kann aus einem Zweitgeborenen ein »Sandwichkind« werden, welches zwischen den Geschwistern vermittelt oder sich hin- und hergerissen zwischen ihnen fühlt. Die Geschwisterfolge kann sich auch prägend auf die Ausbildung einer mehr männlichen oder weiblichen Seite auswirken (siehe auch Seite 165 ff.).

Auf die Paardynamik bezogen heißt das, dass wir tief in uns unsere soziale Stellung, unsere in der Kindheit verankerten Handlungs- und Erfolgsstrategien tragen, die auch im Erwachsenenalter im Gemeinschaftsleben wieder zum Vorschein kommen.

—— Katharina und Paul leben seit zehn Jahren in einer Partnerschaft, in der sie immer wieder mit den gleichen Problemen zu ringen haben. Sie sind bereits »Paartherapie-erfahren«, haben aber den Eindruck, dass ihnen das wenig gebracht hat. Katharina fühlt sich als die Dominante in der Beziehung. Sie hat immer wieder das Gefühl, dass *sie* die Entscheidungen in der Beziehung treffen muss, weil sonst gar nichts passieren würde.

Häufig fragt Paul: »Was willst *du* denn?« Das bringt sie zur Weißglut. Warum kann er immer so schlecht sagen, was *er* möchte. Sie fühlt sich wie das Alpha-Tier, das überall voranschreiten muss. Ob es das Bestellen oder Bezahlen im Restaurant ist oder an welchen Urlaubsort sie fahren, Paul kann sich einfach mit allem arrangieren. Selbst beim Tanzen führt sie. Das ist ja einerseits ganz schön und für sie auf gewisse Weise auch einfach, aber eigentlich wünscht sich Katharina, dass er auch mal männlich voranschreitet. Dabei muss sie als emanzipierte Frau über sich selbst lachen.

Ein biografischer Blick auf die Geschwisterfolge und das Temperament der beiden bringt etwas mehr Licht in ihre Paardynamik. Katharina ist Erstgeborene mit zwei jüngeren Brüdern und kennt dieses Gefühl des »Führenmüssens« bereits gut aus ihrer Kindheit. Während sie diese Position in ihrer Ursprungsfamilie auch genossen hat, jedenfalls wenn es um ihren Willen ging, möchte sie sich heute als Erwachsene auch gerne einmal zurücklehnen können und führen lassen. Auch wenn sie zugegebenermaßen weiß, dass ihr das nicht leichtfällt, denn zudem hat sie auch noch ein cholerisches Temperament. Da gehen schon mal die Pferde mit ihr durch, während Paul nichts so leicht aus der Ruhe bringen kann.

Paul ist der Zweitgeborene in seiner Familie. Er hat eine erstgeborene Schwester und zwei jüngere Schwestern. Da hatte er als einziger Junge unter den Geschwistern keinen leichten Stand. Aber um vieles kam er dadurch auch herum, weil seine Schwestern in der Überzahl waren. Neben seiner natürlichen Männlichkeit hat er durch seine Sozialisation im Seelischen eine feine weibliche Seite entwickeln können, die ihm aber in der Beziehung zu Katharina manchmal im Wege steht. Zudem hat Paul ein mehr phlegmatisch geprägtes Temperament. Das sind ja alles keine Freifahrtscheine für die Beziehung, aber sie helfen im ersten Schritt, den anderen besser zu verstehen und ihm nicht einen »bösen Willen« zu unterstellen.

Egal ob Mann oder Frau, jeder Mensch hat eine weibliche (Anima) und eine männliche Seite (Animus). Die oft noch unentwickelte Anima (bzw. den Animus) bewusst zu ergreifen ist für die Paarbeziehung ebenso wichtig wie das bewusste Durchdringen der Prägung durch Geschwisterfolge und Temperament. Darüber hinaus kann es in der Paarbeziehung zu sogenannten Leitbildspiegelungen kommen: Eigene uns nicht bewusste Schwächen und negative Seiten meinen wir an unserem Partner zu erkennen, was oft zu erheblichen Auseinandersetzungen führen kann (siehe auch Seite 63 ff.).

Für Katharina kann das bedeuten, dass sie lernen darf, sich zurückzunehmen und Raum für Paul freizugeben. Wobei nicht ihr Tempo ausschlaggebend sein darf, denn für Paul kann es bedeuten, dass er wachsamer und zugreifender werden darf und dabei aufpassen muss, dass der Zug nicht an ihm vorübereilt und er mit seiner Initiative einfach zu spät kommt. So kann sich mit der Zeit eine stärkere gleichwertige Dynamik in ihrer Beziehung entwickeln.

Fragen, die Sie sich zu Ihrem »Ursprungssystem« stellen können:

- Wie war die Familienkonstellation in Ihrer Kindheit?
- Welche Geschwisterposition haben Sie darin eingenommen und welche Bedeutung hat diese Erfahrung für Ihren jetzigen Lebenszusammenhang?
- Welche Bedeutung spielen hierbei männliche bzw. weibliche Geschwister?
- Welches Bild haben Sie von Ihrem Vater/von Ihrer Mutter
  - im ersten Jahrsiebt (Bedeutung der Vorbilder)?
  - im zweiten Jahrsiebt (Bildung des Gewohnheitslebens)?
- Welche Werte und Normen haben Sie von Ihren Eltern übernommen?
- Welche positiven Einflüsse können Sie aus Ihrer Erziehung benennen und wie wirken diese heute in Ihnen weiter?
- Welche negativen Einflüsse können Sie aus Ihrer Erziehung benennen und wie wirken diese heute in Ihnen weiter?

- Wurde über Konflikte, Gefühle und Bedürfnisse in Ihrem Familiensystem gesprochen?
- Gab es immer mal wieder einen »Sündenbock« in Ihrer Familie?
- War es wichtig, wie Ihre Familie nach außen wirkte? Hatten Sie einen »Status« zu erfüllen?
- Wie unterschied sich das äußere Ansehen der Familie vom inneren Klima?
- Gibt es markante Erinnerungen, die noch heute in Ihnen Gefühle auslösen? Welche sind es? Wie gehen Sie damit in der Partnerschaft um?
- Hat es Veränderungen wie Trennung, Scheidung oder Tod gegeben?
- Haben Sie sich von alten Rollenzuschreibungen verabschieden können?

Sie können diese Fragen als Grundlage für eine gemeinsame Biografiearbeit nehmen und auf diese Weise Ihr Familiensystem besser kennenlernen, um herauszufinden, auf welche Weise in Ihrem jetzigen gemeinsamen System Wiederholungen aus der Vergangenheit Ihr Familienleben belasten. Diese Impulse sind ein guter Ausgangspunkt, um Einbahnstraßen zu verlassen und neue Wege einzuschlagen.

Schattenboxen im Ring
der Partnerschaft

__ Caroline und Pablo leben seit vier Jahren zusammen. Beide sind freiheitsliebende Menschen – deshalb haben sie in ihrer Dreizimmerwohnung auch jeweils ein eigenes Zimmer und einen gemeinsamen Wohnraum. Mal schlafen sie allein, mal beim anderen. Doch leider herrscht nicht immer Konsens darüber, wer wann bei wem nächtigt – oder wann Zeit fürs Alleinsein ist.

Pablo kommt spätabends nach Hause. Er freut sich auf Caro und klopft erwartungsvoll an ihre geschlossene Tür. Keine Antwort. »Schläfst du schon?« Caro richtet sich wütend auf: »Was willst du? Klopf ich nachts an deine Tür und stör dich?« Pablo riecht die dicke Luft förmlich. Jetzt kommt das Thema wieder, denkt er – und denkt sich doch im Moment nichts Besonderes dabei. Caro fühlt sich von Pablo meist zurückgewiesen, wenn er seine Ruhe haben und alleine schlafen möchte, und zieht sich dann beleidigt zurück. Sie hat im Gegensatz zu ihrem Freiheitsdrang gleichzeitig ein großes Nähebedürfnis, von dem sich Pablo schnell eingeengt fühlt. Seine Abgrenzung löst bei ihr Misstrauen und Verlustangst aus. Heute Nacht hat sie genug von »seiner Freiheit«. Wo kommt er überhaupt so spät her? Wieso akzeptiert er ihre geschlossene Tür nicht? Sie ist so richtig in Fahrt und macht fast hasserfüllt einen Rundumschlag von Anschuldigungen, die an diesem Abend bei Pablo auf Härte und Abwehr stoßen. Er geht wütend in sein Zimmer und schließt die Tür. Beide liegen hellwach und seelisch weit entfernt voneinander in ihren Betten. Von Schlaf kann in dieser Nacht nicht die Rede sein.

— Tom und Lena leben seit zwei Jahren gemeinsam mit Lenas fünfjähriger Tochter Tilly in einer Hausgemeinschaft am Stadtrand. Lena ist eine selbstbewusste Mittdreißigerin, Tom ist gerade Anfang dreißig und kinderlos. Er hat lange mit sich gerungen, ob er sich auf eine Beziehung mit einer älteren Frau mit Kind einlassen soll. Doch die Liebe hat den Verstand »besiegt«. Lena hat etwas an sich, das ihn vom ersten Augenblick an angezogen hat: Sie weiß so genau, was sie will. Sie ist direkt, entscheidungsfreudig und eindeutig die Führende in ihrer Beziehung. Doch zunehmend stört ihn genau *das*. Wieso entscheidet sie eigentlich immer, was sie unternehmen, wie die Wohnung eingerichtet werden und wann er auf Tilly aufpassen soll? Es gibt Momente, da wird er fast schon aggressiv und benimmt sich – für ihn vollkommen unverständlich – wie ein Pubertierender. Tom fühlt sich in solchen Momenten ohnmächtig und Lena total unterlegen, was ihn nur noch wütender werden lässt. Er denkt dann ernsthaft an Trennung und verliert den Blick für ihre Vorzüge völlig. Sie wiederum fühlt sich von diesen Machtkämpfen erschöpft und wird immer häufiger pampig und scharfzüngig, was Tom noch mehr auf Abstand gehen lässt.

In der Partnerschaft geht es manchmal ähnlich wie in einem Boxring zu. Zwei sich liebende Menschen ringen miteinander, als ginge es um einen Wettkampf, in dem es einen Sieger und einen Verlierer geben muss. Erklingt zu Beginn des Boxkampfes der Gong, der die erste Runde einläutet, sind es in der Beziehung kleine unbewusste Signale, die Anlass für einen Konflikt bieten. Selten ist dieser auch gleichzeitig Ursache und Quelle des Problems. Stattdessen werden über längere Zeit Unzufriedenheiten verdrängt und wie Rabattmarken ins innere Beziehungsbuch geklebt. Ist es dann endlich voll, wird es eingelöst – nur leider nicht, wie man es heute kennt, um im Supermarkt einen Koffer oder Kochtopf dafür zu erhalten, sondern um genügend Beweismaterial für die Schwächen des anderen zu haben.

Caro hat sich des Öfteren von Pablo zurückgesetzt gefühlt und sich dadurch schwächer als er empfunden. Er, der seine Grenzen so gut ziehen kann, konfrontiert sie mit ihrem Bedürfnis, einerseits ebenso freiheitsliebend wie er sein zu wollen, aber gleichzeitig mehr Nähe zu benötigen. In der besagten Nacht wird die zweite Kampfrunde im Ring der Partnerschaft eröffnet: Die Rabattmarken werden eingelöst! Es kommt zu Gehässigkeiten, Angriffen und Verletzungen, die »unter die Gürtellinie« gehen. Strategien, die im Boxkampf eindeutig verboten sind. Sie führen ins Aus oder zum Kampfabbruch durch den Ringrichter.

Doch wer kämpft hier eigentlich mit wem? Es sind die Schattenaspekte der jeweiligen Personen, die im Ring sichtbar werden. Genährt werden sie von eigenen Unzulänglichkeiten und unbewussten Gefühlen wie Neid, Konkurrenz oder Angst. Alles, was wir an uns nicht akzeptieren können, kommt oft von außen auf uns zu.

Nach Zeiten der Verschmelzungen mit dem Partner tritt

unweigerlich eine Abgrenzung in Form von Projektionen zutage. Der altbekannte Satz »Was ich bei mir nicht sehen oder fühlen kann, das hänge ich einem anderen an« belegt diese Tatsache sehr treffend.

Caro entdeckt, dass sie eigentlich ein stärkeres Bedürfnis nach Abgrenzung und Bei-sich-selbst-Sein hat. Genau das kann sie von Pablo lernen. Trotzdem erträgt sie es bei ihm nicht (siehe unten).

Oftmals holt sich einer der Beteiligten ein »blaues Auge«, oder im schlimmsten Fall endet eine Runde im Knock-out. Pablo und Caro lagen beide »angezählt« im Bett. Sie brauchten einen Schiedsrichter in Form einer Paarbera-tung, um zu erkennen, dass aus dem »Schattenboxen« eine »Schattensensibilität« im Sinne einer Selbsterkenntnis er-wachsen kann – und dass der eine Partner dem anderen mit seinen Fähigkeiten, den noch unentdeckten Potenzia-len, zur Leitbildspiegelung werden kann. So konnte Caro im Lauf der Zcit Pablos Abgrenzungsfähigkeit immer mehr integrieren, wodurch Pablo lernen konnte, sich mehr auf Caro einzulassen.

Bei Tom und Lena sieht es etwas anders aus: Lena hat in Tom etwas zum Klingen gebracht, wodurch er sie beson-ders anziehend fand. Lenas Selbstsicherheit, aber auch ihre Ich-Bezogenheit und Art und Weise, sich zu geben, lösten in Tom zudem Gefühle aus, die ihm alt – ja, altbekannt er-schienen. In der biografischen Paararbeit wurde Tom klar, dass Lena ihn an seine Mutter erinnert, die ihn und seine ältere Schwester, als er dreizehn Jahre war, verlassen hatte. Die starken Gefühle der Ohnmacht und Aggression ließen ihn wie blind für seine Liebe zu Lena und ihre wunderbaren Qualitäten werden, die er erst wieder wahrzunehmen begann, als er nicht mehr die Mutter in ihr sah.

Eine unbewusste Verwechslung, eine Übertragung von Zeit und Person in einer Beziehung sorgt oft für überdimensionale Schatten, die in den Boxring eingetreten sind. Dort kommt es dann zu entsetzlichen Kämpfen, die meist nur mit einem dafür geschulten Dritten bearbeitet werden können. In der Psychologie spricht man vom »Schatten« oder vom »niederen Selbst«, in der Esoterik vom »Doppelgänger«. Gerne tritt er unerkannt in den Vordergrund und verschafft sich zum Beispiel über Kritik am anderen eine Daseinsberechtigung. Dabei kann das, was als störend am Partner erlebt wird, ein Anteil unseres eigenen Schattens sein. Dieser speist sich an unseren unverwandelten, noch im Dunkeln verharrenden Persönlichkeitsanteilen, unseren Temperamentsprägungen und verfestigten Gewohnheiten. Alles, was wir in unserem Denken, Fühlen und Handeln nicht bewusst mit unserem Ich durchdringen, was wir nicht an Licht holen, kommt zur Hintertür als »Schatten« herein, und wir bekommen es vom Gegenüber gespiegelt, weshalb in der Jung'schen Psychologie auch von einer »Leitbildspiegelung« gesprochen wird. Man ärgert sich so lange über den anderen, ist neidisch auf ihn, bis die eigenen Anteile erkannt und verwandelt werden können. Der andere wird uns zum Leitbild, bietet uns eine Projektionsfläche, auf der wir niemand anderen als uns selbst erkennen können.

Viele Paare führen im Laufe der Jahre eine Art »Doppelgängerehe«, ohne es zu bemerken. Der Doppelgänger zeigt sich aber nicht nur in Beziehungen, sondern auch im intimen Selbstgespräch. Wer kennt sie nicht, die inneren Stimmen, die einem etwas einflüstern und vorgaukeln. Sie führen in die Abwertung: »Wer bist du denn schon?«, oder in die Selbstüberschätzung: »Lass dich nicht unterkriegen, du bist sowieso der Bessere!« – und können für Zweifel, Ängste und Depressionen oder Eitelkeit, Hochmut und Eigenliebe sorgen. – Wie gut, dass es noch eine andere Stimme in uns gibt! Sie klingt mehr von oben – leiser, milder, aber doch ernsthaft: »Und du? Was willst du denn?«, erklingt es vielleicht im Stillen in Caro und öffnet ihr die Tür zur Selbsterkenntnis, die ein wesentlicher Baustein zu einem gesunden Selbstbewusstsein ist. Im Licht des Bewusstseins kann sich nun der Schatten nicht mehr durch die Hintertür hereinschleichen und Rabattmarken sammeln, die dem Partner seine Schwächen beweisen sollen. Es sei denn, das Ich geht »in die Ferien«, und Stress, Hektik oder auch die Banalität des Alltags sorgen für neuen Gesprächsstoff.

Fragen, die Sie sich zum eigenen Schatten stellen können:

- Welche Art von Gewohnheiten erleben Sie in Ihrem Denken, Fühlen und Handeln?
- Erleben Sie sich in Ihren Gewohnheiten beweglich oder sind Sie eher starr und unbeweglich?
- In welche Situationen geraten Sie in Ihrem Leben immer wieder leicht hinein?
- Welche Positionen nehmen Sie gerne in Gruppen ein?
- Was können Sie an anderen Menschen gar nicht ausstehen?

- Erinnern Sie sich an Ihren »größten Feind«: Was hat er an sich, das Sie ärgerlich macht?
- Kennen Sie diese Schwäche auch an sich?
- Welche Temperamente herrschen bei Ihnen vor? Haben Sie diese im Laufe Ihres Lebens verwandeln können? Oder sind Sie immer noch der aufbrausende Choleriker, der leichtsinnige Sanguiniker, der schwermütige Melancholiker oder der schwerfällige Phlegmatiker?
- Zu welchem Temperament fühlen Sie sich besonders hingezogen?
- Sind Ihnen Ihre Schwächen bewusst? Weichen Sie diesen gerne aus oder stellen Sie sich ihnen? Erinnern Sie sich an ein Beispiel.
- Was fällt Ihnen bei dem Satz »Was ich bei mir nicht sehen/fühlen kann, das häng ich einem anderen an« ein?
- Projizieren Sie manchmal Ihre Schwächen auf andere Menschen? Was hat Ihr »Feind« mit Ihnen gemein?
- Konkurrieren Sie leicht mit Freunden oder KollegInnen?
- Haben Sie Kränkungen, Demütigungen oder Traumata aus Ihrer Kindheit bearbeiten können oder erleben Sie noch heute Verunsicherungen und Konflikte durch andere Menschen, die Sie in einen »Film von damals« versetzen (im Sinne einer Verwechslung von Zeit, Ort und Person)?
- Welche Aufgaben stellt Ihnen Ihr Doppelgänger/ Schatten in Ihrer Beziehung/Ihrem Leben?

Funkstörung –
Sexualität auf dem Abstellgleis

— Nora verlässt frustriert das Wohnzimmer. Emil zappt noch durch die Programme und scheint es gar nicht bemerkt zu haben, dass Nora ins Bett gegangen ist. Sie hatte sich so aufs Wochenende gefreut. Sie haben gemeinsam gekocht und auch gute Gespräche miteinander gehabt – bis zum Fußballspiel!

Damit hatte sie nicht gerechnet. Emil steht pünktlich zum Spielbeginn auf und lässt sie mit dem schmutzigen Geschirr am Tisch zurück. »Er hat noch nicht einmal gesehen, dass ich ein neues Kleid anhabe und beim Friseur war«, murmelt Nora vor sich hin.

Sie sind jetzt fünf Jahre zusammen und eigentlich glücklich miteinander. Wenn da nicht das Thema Nähe und Sexualität wäre. Selten ergreift Emil die Initiative, und auch ihre Annäherungsversuche bleiben oft unbemerkt. Manchmal hat sich Nora schon die Frage gestellt, ob er eine andere Frau begehrt. Doch sie findet nicht den Mut, mit ihm darüber zu sprechen, stattdessen sitzen scheinbar beide das Thema aus. Kein Wunder, dass sie bisher kinderlos geblieben sind.

— Ganz anders ist es bei Michael und Andrea: Sie haben schnell hintereinander drei Kinder bekommen, die heute fünf, drei und ein Jahr alt sind. Als Eltern fühlen sie sich eng miteinander verbunden und in gutem Austausch. Doch Michael reicht diese Ebene nicht. Sie sind doch auch ein *Paar!*

Die letzten Jahre waren geprägt von Schwangerschaften und Stillperioden, denn trotz Verhütung wurde Andrea schnell wieder schwanger, wenn sie denn mal miteinander geschlafen haben. Sehnsüchtig denkt Michael an die erste Zeit ihrer Beziehung zurück. Er liebt Andrea einfach ganz, also auch ihren Körper – auch in der Schwangerschaft hat er sie begehrenswert gefunden. Doch Andrea hat sich in diesen Zeiten von ihm zurückgezogen, ihre Aufmerksamkeit richtete sich zunehmend auf die Kinder. Michael hat sich damit arrangiert. Doch jetzt hat sich zu viel in ihm angestaut. Er möchte keine »Josefsehe« führen. Er ist gereizt und wütend auf Andrea und spielt manchmal mit dem Gedanken, einfach mal mit einer anderen Frau zu schlafen. Das wiederum weckt Schuldgefühle in ihm. Ein endloser Kreislauf!

—— Alicia kommt unverhofft früher vom Klassentreffen nach Hause. Schon beim Betreten der Wohnung wird ihr mulmig zumute. Hat sie da gerade lustvolle Geräusche gehört? Sie fühlt, wie alles in ihr erstarrt. Nein, das kann nicht sein!, denkt sie, Christof würde doch nicht in ihrem Zuhause mit einer anderen schlafen? Völlig benommen öffnet sie die Schlafzimmertür und findet dort Christof mit hochrotem Kopf im Bett. Neben ihm liegt keine andere Frau, sondern sein Laptop, auf dem er hektisch den Pornofilm ausschaltet. Eisige Kälte macht sich im Raum breit. Alicia fühlt sich verletzt, angewidert, wütend und traurig zugleich. Muss er sich so seine Lust befriedigen? Wie lange und wie oft macht er das schon?

Misstrauen und gleichzeitige Schuldgefühle, dass sie in letzter Zeit so selten mit ihm schläft, machen sich in ihr breit. »Wieso kommst du so früh?«, brüllt Christof sie ertappt an. Und dann folgt eine Tirade an Vorwürfen, dass sie ihn erst so weit gebracht habe, sich eben an anderer Stelle Lust zu verschaffen. Sie könne sich freuen, dass er sich noch keine andere gesucht habe ... Jetzt müssen sie reden!

Funkstörungen verhindern, dass Sender und Empfänger in Kontakt miteinander kommen. Das kann die unterschiedlichsten technischen Ursachen haben: eine Störung im Gerät, unterschiedliche Frequenzen, störende Magnetfelder oder nur ein Funkloch im Netz. Auch Funkstörungen in der Sexualität können verschiedene Ursachen haben und zu Kommunikationsstörungen in der Beziehung führen.

Sehnsüchtig denkt Michael an den Anfang ihrer lustvoll gelebten erotischen Beziehung zurück. Seine umfassende Liebe zu Andrea, die auch ihr Muttersein einschließt, hat ihn ihre »Sexualität auf dem Abstellgleis« aushalten lassen. Doch nach dem letzten Kind haben sich Schwangerschaften und Kinder als Störfelder herausgestellt, und es bedarf eines offenen Gespräches der beiden, um den Fokus vom Elternsein wieder deutlicher auf die Paarbeziehung zu richten. Und diese benötigt Beziehungspflege und eine Verabredungskultur bis in die Sexualität hinein.

Eine der häufigsten Fallen in langjährigen Beziehungen ist die Annahme, dass Sex nur spontan entsteht und mit der lustvollen Dynamik junger Beziehungen verglichen werden kann. Doch wandelt sich mit den körperlichen Veränderungen wie Schwangerschaft und Geburt, den Wechseljahren der Frau und des Mannes sowie durch körperliche und seelische Krankheiten auch die Sexualität. Seelisch-geistige Entwicklungsprozesse können für eine innere Entfernung der Partner voneinander sorgen.

Darüber hinaus gibt es weitere Klippen, die den Umgang mit Sexualität in einer Beziehung schwierig gestalten können. Von der »Rücksichtsfalle« spricht der Sexualtherapeut Ulrich Clement, wenn Partner nur diejenige Sexualität intendieren und ihrem Partner vorschlagen, von der sie annehmen, dass er sie gutheißt und gern darauf eingeht. Ist allein Rücksicht der erotische Prozesstreiber, führt dies dazu, dass sexuelle Initiativen defensiv bleiben und kein neues Element ins Spiel kommt. Die »Gegenseitigkeitsfalle« geht davon aus, dass befriedigende Sexualität symmetrisch sei, dass beide Partner dasselbe wollen. Vereint mit der »Rücksichtsdynamik« bildet sich bei vielen Paaren ein kleinster gemeinsamer sexueller Nenner. In der Annahme, dass Sex immer gleichzusetzen mit Beziehung ist, sind für viele Paare alle sexuellen Verhaltensweisen tabuisiert, die einen experimentierenden Charakter haben und das Spielen mit sexuellen Praktiken beinhalten. Clement nennt dies die »Eigentlichkeitsfalle«, in der freie »Inszenierungen« als oberflächlich, als un-eigentlich abgewertet werden.[9]

Wir haben gesehen, Sexualität ist keine Konstante im Leben eines Paares, sondern auch sie ist Veränderungen im Sinne von unterschiedlichen Frequenzen ausgesetzt. Darüber hinaus hat jeder ein eigenes sexuelles Profil, das mit Erfahrungen, Vorlieben, Abneigungen sowie der eigenen Sozialisation zusammenhängt.

Frauen und Männer gehen in der Regel nicht von gleichen sexuellen Bedürfnissen aus. Für Nora waren die Vorbereitungen des Abends eine Vorfreude auf gemeinsame intime Stunden. Sie hat sich dafür hübsch gemacht, sie haben gemeinsam gekocht, Gespräche geführt, Nähe geschaffen. Und Nora ist selbstverständlich davon ausgegangen, dass Emil »es doch bemerken wird«. Für ihn wäre es kein Problem, auch noch nach dem Fußballspiel Sex zu haben, doch dann ist Nora zu müde und die Stimmung für sie verflogen.

Hat sich in der Partnerschaft ein lähmendes Schweigen zu diesem Thema breitgemacht, entsteht ein Funkloch, und die Partner entwickeln Vermeidungsstrategien, sodass die Sexualität auf diese Weise aufs Abstellgleis gerät.

Erotische Entwicklung setzt aber Absprachen, aktive Entscheidungen und Einladungen voraus, die bis in die Offenbarung der geheimen Sehnsüchte gehen können.

Alicias und Christofs Paarbeziehung erhielt durch den Pornofilm einen Riss. Vielleicht steckte darin aber auch eine Chance? Sie begannen in der Beratung das erste Mal über ihre sexuellen Wünsche zu reden: Während Christof vom Besuch einer Swingerparty und Partnertausch träumt, sehnt sich Alicia nach seelischem Austausch und Sinnlichkeit. Eine gemeinsame Annäherung kam trotz großer Bemühungen nicht zustande – die nicht reparable Funkstörung blieb, wurde allerdings endlich erkannt und benannt.

Wenn wir uns im Bereich der Sexualität nicht mit den Wünschen des Partners und unseren eigenen auseinandersetzen, dann stellen wir einen wichtigen Teil unseres Beziehungslebens selbst aufs Abstellgleis.

Ulrich Clement fasst fünf ungemütliche Wahrheiten über erotische Entwicklung folgendermaßen zusammen:[10]

- Erotische Selbstverwirklichung gefährdet die Kontinuität in der Beziehung.
- Erotische Entwicklung setzt aktive Entscheidungen voraus, nicht wartendes Wachstum.
- Von nichts kommt nichts. Ohne Investition kein Ergebnis.
- Erotische Entwicklungen verlaufen asymmetrisch. Einer fängt an.
- Guter Sex ist ohne mittelmäßigen Sex nicht zu haben.

Fragen, die Sie sich zu diesem Thema stellen können:

- Wie war die Anfangssignatur Ihrer sexuellen Beziehung?
- War die sexuelle Dynamik ausgewogen oder eher einseitig?
- Konnten Sie miteinander über Ihre Sehnsüchte und Bedürfnisse sprechen?
- Gibt es traumatische Erlebnisse wie sexueller Missbrauch oder andere Kränkungen auf sexueller Ebene, die in Ihr Beziehungsleben hineinwirken?

- Können Sie mit Ihrem Partner/Ihrer Partnerin darüber sprechen?
- Hat sich Ihre Sexualität durch die Familiengründung verändert? Wodurch genau? Auf welche Weise zeigt es sich in der Beziehung?
- Hat Ihre Sexualität im Zusammenhang Ihres biografischen Wachstums eine Veränderung erfahren?
- Erleben Sie Nähe und Zärtlichkeit miteinander, auch ohne dass es zum Geschlechtsverkehr kommt?
- Wie zeigt sich die Menopause bei Ihnen?
- Fühlen Sie sich von Ihrem Partner/Ihrer Partnerin darin getragen?
- Haben Sie Kränkungen (durch eine Außenbeziehung Ihres Partners, Pornografie und anderes) in Ihrer Beziehung erlebt? Wie gehen Sie damit um?
- Wenn Sie drei Wünsche frei hätten, was würden Sie sich für Ihre Sexualität in Ihrer Beziehung wünschen?
- Wie könnten Sie darüber mit Ihrem Partner ins Gespräch kommen?

Verliebt, verheiratet, geschieden?

— Max streicht sich zufrieden über seinen braungebrannten Kahlkopf und zieht das weiße Hemd aus dem Schrank. In einer Stunde beginnt die Chorprobe. Es hat ihn vor einem halben Jahr Mut gekostet, im Chor vorzusingen, aber das war seine Chance, etwas für sich tun! Lara hingegen hat immer irgendwo einen Termin – und oft genug saß Max allein und unzufrieden vor dem Fernseher. Die Frage nach ungelebten Ressourcen hat ihm dann die Augen geöffnet. Früher war er Gitarrist in einer Band gewesen und hatte auch Solos gesungen, doch das passt heute für ihn mit 46 Jahren nicht mehr. Stattdessen singt er nun im Opernchor als Tenor und fühlt sich seitdem so lebendig wie selten zuvor. Doch vermutlich spielt dabei auch Rosa eine Rolle …

Max freut sich jede Woche schon Tage zuvor auf die Begegnung, den Klang ihrer warmen Altstimme im Ohr. Anfangs hat er versucht, dieses Gefühl zu verdrängen, aber es hat ihn stattdessen umso mehr ergriffen. Heute beginnen die Proben für den Gefangenenchor der Verdi-Oper *Nabucco,* der interessanterweise auch der »Freiheitschor« genannt wird – und in einem Monat folgt ein Chorwochenende an der Ostsee, auf das er sich schon freut, wird es doch eine Gelegenheit sein, Rosa noch näher zu sein.

Als würde Lara spüren, was in Max vorgeht, macht sie häufiger spitze Bemerkung über seinen Chor. Doch das perlt inzwischen an ihm ab. Sie haben sich in den letzten Jahren auseinandergelebt, kein wirkliches Interesse mehr aneinander gezeigt. Lara hatte sich von seinem Phlegma immer mehr in die Schwere ziehen lassen und fühlte sich zeitweise richtig depressiv. Bis sie für sich die Entscheidung treffen konnte, wieder mehr nach außen zu gehen: Tanzen, Sport, Sprachkurse, Wochenenden mit Freundinnen und auch ein Seitensprung gehören in ihr »Freizeitprogramm«. Das war gut für sie – hat sie als Paar allerdings immer weiter voneinander entfernt.

—— Marlen und Daniel sitzen in der dritten Mediationssitzung. Sie leben seit einem Dreivierteljahr getrennt. Zu Beginn, gesteht Marlen, sei sie mit in die Mediation gegangen, weil sie hoffte, dadurch die Beziehung zu Daniel retten zu können. Doch die letzte Sitzung hat noch einmal die alten Gefühle von Wut und Ohnmacht ans Tageslicht gebracht und ihr gezeigt, wie wesentlich für sie Vertrauen und Zuverlässigkeit sind – Bedürfnisse, die zu lange nicht erfüllt wurden.

Marlen und Daniel mussten beide noch einmal erkennen, dass es in der Vergangenheit zu viele gegenseitige Verletzungen gab, die eine Fortführung ihrer Ehe ausschließen. Ein schmerzlicher Prozess, einer Trennung nun wirklich ins Auge zu blicken!

Beide möchten ihre Ehe nicht nur als gescheitert betrachten, sondern schauen auch auf das, was in den letzten achtzehn Jahren gut ging. Sie richten den Blick noch einmal auf die Anfangssignatur ihrer Beziehung, die schon zu Beginn mit Fragen nach »der Richtigen«/»dem Richtigen« geprägt war.

Diese Fragehaltung zog sich auch während fünfzehn glücklicher Elternjahre wie ein roter Faden durch die Beziehung und sorgte für Spannungen, Verletzungen und Demütigungen, die auch jetzt in der Mediation noch einmal als Schatten ans Licht kamen. Da sie ihren beiden Kindern aber weiterhin vertrauensvolle Eltern sein möchten, entschieden sie sich für eine Trennungsmediation, um neben einer guten Regelung bezüglich der Vermögensverhältnisse so auch neue Wege für den Umgang mit den Kindern zu finden. Denn verbunden bleiben sie durch die gemeinsamen Kinder ein Leben lang!

Wohl fast jede Beziehung kommt einmal an den Punkt, an dem sich die Partner die Frage nach der Dauer ihrer Ehe oder ihrer Verbindung stellen. Da Paare in einem Beziehungssystem leben, in dem fortwährend Wechselwirkungen stattfinden, sind sie auch ständig Veränderungen ausgesetzt, die gemeinsam gelebt und gestaltet werden wollen. Man darf sich diesen Prozess wie ein Mobile vorstellen: Nehme ich an einer Stelle etwas ab oder füge etwas Neues hinzu, verändert sich die Lage aller Gegenstände, und es braucht ein feines Auge und eine sichere Hand, um alles wieder ins Gleichgewicht zu bringen. Für eine Weile geht alles durch ein Chaos, nennen wir es Krise, um durch deren Bewältigung eine neue Ordnung zu erlangen. Dies fällt besonders schwer, wenn einer der Partner eine Außenbeziehung eingeht und so plötzlich eine »Dreiecksbeziehung« entsteht.

Lara hatte einen Seitensprung, und Max ist dabei, sich in Rosa zu verlieben. Beide haben ihre Liebesenergie an einen anderen gegeben und fühl(t)en sich nicht mehr so stark mit dem eigentlichen Partner verbunden. Jeder von ihnen hat einen neuen Entwicklungsschritt getan, an dem der andere nicht teilhaben konnte – worauf häufig die Trennung folgt. Eine Außenbeziehung bedeutet aber nicht zwangsläufig das Ende einer Beziehung, sondern ist ein Symptom für Ungelebtes in der bisherigen. Sie kann als ein Weckruf für das Paar gesehen werden und bietet die Chance, erneut auf Entdeckungsreise zu gehen. Max war an Laras Entwicklung zu sich selbst erwacht. Der »Freiheitschor« hat ihn aus seiner inneren Gefangenschaft erlöst, wodurch er empfänglich für Rosa wurde, aber eigentlich auf der Suche nach sich selbst war. Als Max und Lara das gemeinsam erkannten, konnten sie einen neuen Schritt in ihrer Beziehung gehen und haben sich »nur« von alten Beziehungsmustern trennen müssen.

Doch nicht immer gelingt es auf diese Weise. Marlen und Daniel waren an den Punkt gekommen, sich zu trennen, und hatten sich für eine Trennungsmediation entschieden, um so außergerichtlich in einer konstruktiven Atmosphäre für beide Seiten stimmige Vereinbarungen zu finden. Daniel war sich seiner Entscheidung sicher, während Marlen noch die Hoffnung hegte, ihre Beziehung würde sich eventuell noch retten lassen, wodurch im Prozess der Blick auf die unterschiedlichen Gefühle und Bedürfnisse gerichtet wurde, was noch einmal zu Konflikten führte. Aber gerade die klaren Mediationsregeln und -phasen verhalfen den beiden in den Folgesitzungen dazu, immer wieder respektvoll und konstruktiv miteinander umzugehen. So konnten sie auch ihre Trauer zulassen und ein gewünschtes Abschiedsritual füreinander finden. Ein kostbarer Moment, der ihnen bei den klaren Vereinbarungen für ihre gemeinsame Zukunft als Eltern sehr half.

Fragen, die Sie sich zu diesem Thema stellen können:

- Werden/wurden Konflikte, Mangelgefühle, Bedürfnisse in Ihrer Beziehung angesprochen?
- Wurden Sie in Ihren Bedürfnissen gehört, gesehen?
- Wie kam es, dass Sie sich aus den Augen verloren haben?
- Gab es »Seitensprünge« in Ihrer Beziehung? Haben Sie sich in jemand anderen verliebt?
- War diese Beziehung eine platonische oder wurde sie gelebt?
- Haben Sie Ihrem Partner davon berichtet? Wie hat er darauf reagiert?
- Was hat sich dadurch in Ihrer Partnerschaft verändert?
- Haben Sie eine Paartherapie/Paarberatung in Erwägung gezogen oder gemeinsam gemacht? Was hat sich dadurch verändert?
- Welchen Anstoß hat die Außenbeziehung in Ihrer Partnerschaft gegeben?
- Im Falle einer Trennung: Haben Sie einen Rückblick auf Ihre Beziehung halten und Frieden schließen können?
- Wenn Sie die Zeit zurückdrehen könnten, was würden Sie heute gerne anders machen?

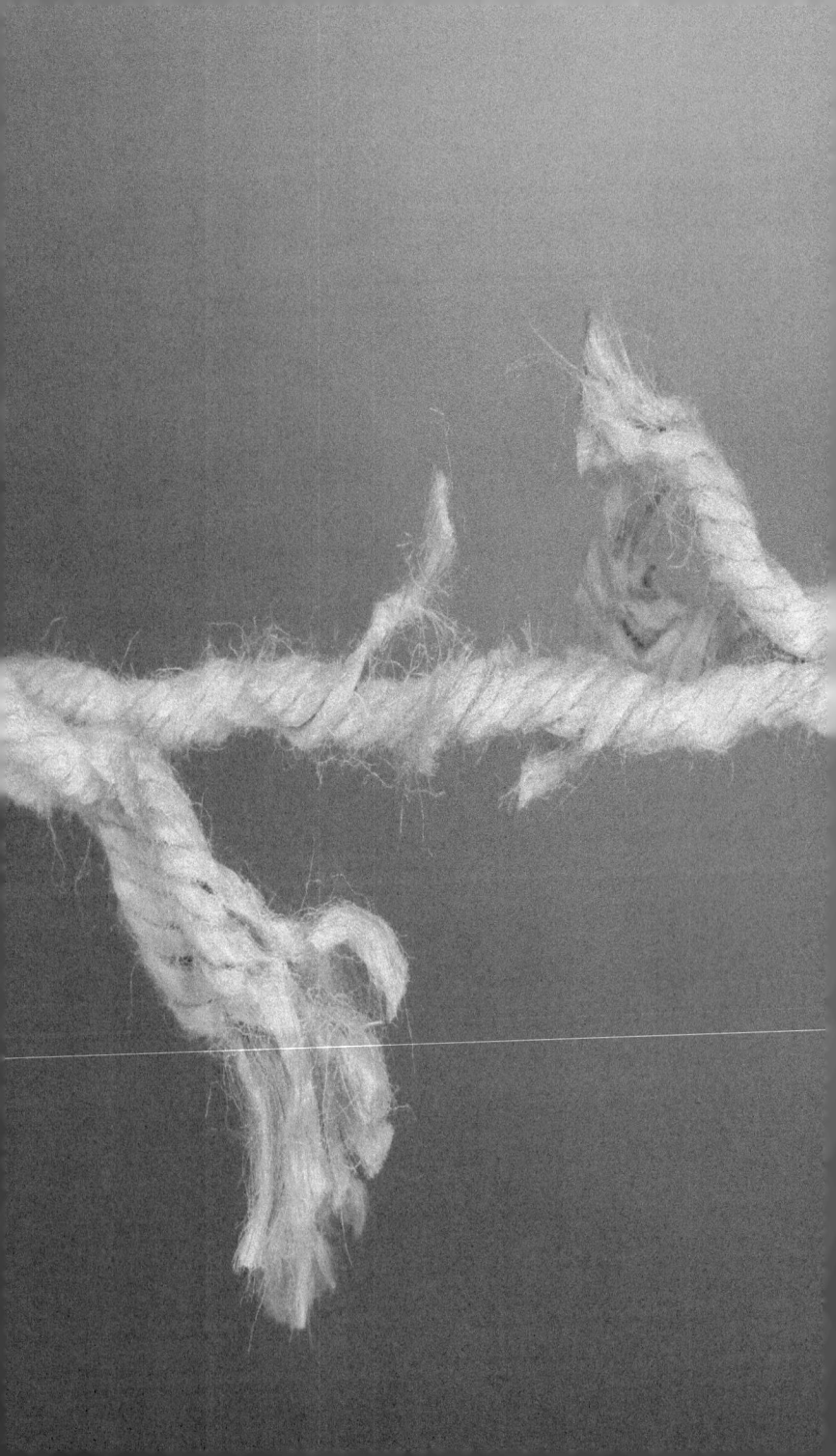

Trennung fängt vor dem Abschied an

Im Laufe einer Beziehung kommt es immer wieder zu Herausforderungen und Konflikten, die nicht selten in der Überlastung im Familienleben ihren Ursprung haben. Kinder verändern eine Partnerschaft und können dieser auch Lebensenergie entziehen, wenn sie nicht bewusst gepflegt wird. Oder ein Paar hat sich im Laufe der Beziehung auseinandergelebt, ohne sich ernsthaft auseinanderzusetzen.

Oft bestehen vor einer Trennung auf beiden Seiten starke Unzufriedenheiten, Mangelgefühle und daraus resultierende Frustrationen bis hin zu Entfremdungen. Streitigkeiten beherrschten den Alltag, in denen oft der andere zum Schuldigen geworden ist – eine Dynamik, die den Ausstieg aus einer Beziehung erleichtern kann und von den eigenen Anteilen ablenkt.

Mit einer vollzogenen Trennung und der Konfrontation mit den Folgen (wie die leidenden Kinder zu sehen, weniger Geld zur Verfügung zu haben, in anderen Wohnverhältnissen zu leben, von gemeinsamen Freunden Abschied nehmen und Einsamkeit aushalten zu müssen) geraten getrennte Paare oft in eine heftige Krise, von deren Verlauf zu wissen sehr hilfreich sein kann. Denn: Wenn frühere Liebe in Hass umschlägt, es zum »Rosenkrieg« kommt und sogenannte »schmutzige Wäsche« vor Dritten (Rechtsanwälte, Gericht etc.) gewaschen wird, ist das nicht selten ein Verarbeitungsprozess, der auf sehr negative Weise dem Selbstschutz dient.

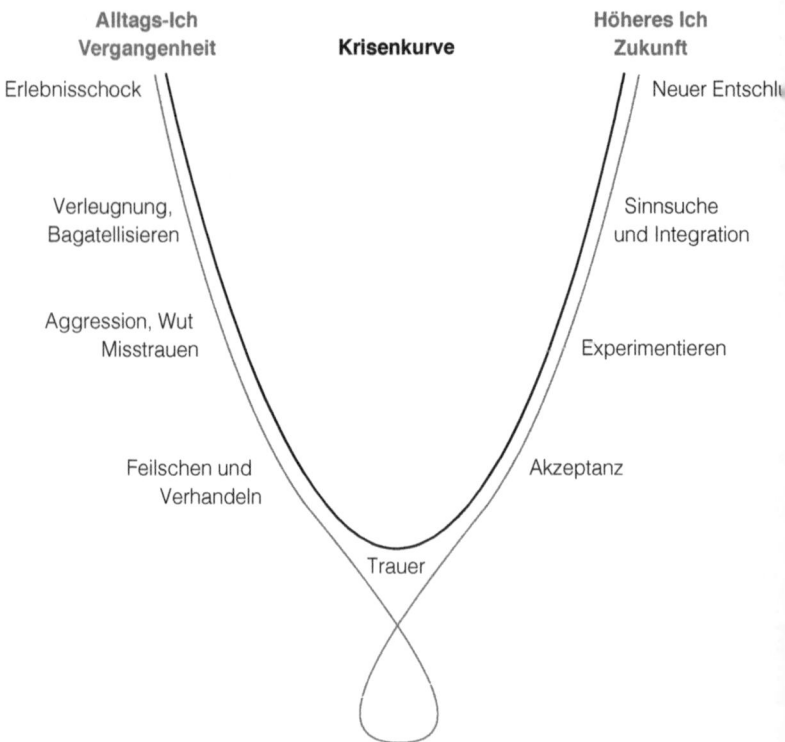

- *Phase 1*

Der *Trennungsschock:* Das alte Leben, in dem man sich gut eingerichtet hatte, existiert nicht mehr. Es tritt kurzfristig nach einem ersten Taubheitsgefühl ein intensives Schmerzerlebnis ein, das mit heftigem Weinen, Angstanfällen, Schlaflosigkeit und somatischen Beschwerden verbunden sein und zu einer inneren Lähmung führen kann. Dieser Zustand wird in der Regel nach kurzer Zeit in einen Zustand des Verharmlosens übergehen, ähnlich wie bei einem Unfall, nach dem der Verletzte befragt wird, ob er Hilfe benötigt oder ihm etwas wehtut, und dieser verneint. Der seelische Schmerz ist dann für einige Zeit wie betäubt.

- *Phase 2*

Bagatellisieren: Obwohl eine Trennung mit Worten vollzogen wurde, setzen – wie zum seelischen Schutz – Mechanismen ein, die dazu verhelfen, den Umstand mit all seinen Folgen kurz- oder längerfristig auszublenden im Sinne von »Sie hat wieder ihre Launen« oder »Er hat schon so oft mit Trennung gedroht, das vergeht schon wieder«. Der Umstand wird nicht ganz ernst genommen, verharmlost. Es ist wie eine Atempause vor dem großen Schmerz, der in vollem Maße spürbar wird, wenn die Betroffenen die Realität begreifen.

- *Phase 3*

Ausbruch heftiger Emotionen: Die Trennung wird realisiert. Diese Phase ist von starken Gefühlen begleitet. Wut, Zorn, Misstrauen, Enttäuschung bis hin zum Hass entladen sich oftmals aggressiv und mit Kontrollverlust. Sie möchte ihrem Exmann am liebsten die Reifen zerstechen oder wirft im Konflikt tatsächlich mit Gegenständen auf ihn. Er kontrolliert das gemeinsame Girokonto und lässt dieses plötzlich sperren, damit er für die Kinder nicht zahlen muss. Der Trennungs- oder Scheidungskrieg beginnt, in dem häufig die berühmte »schmutzige Wäsche« gewaschen wird. Die starke Verletzung, gepaart mit Ohnmacht, lässt die Partner Handlungen vollziehen, in denen sie sich selbst fremd werden, ihr Ich steht ihnen als Regulator nicht zur Verfügung. Sie sind im wahrsten Sinne des Wortes mit ihren Schattenaspekten konfrontiert. Dahinter verborgen steht eigentlich das Bedürfnis, sich selbst vor diesem unendlichen Schmerz zu schützen, diesen nicht in seinem vollen Ausmaß ertragen zu müssen.

• *Zwischenphase*
Feilschen und Verhandeln: Nachdem sich die Schattenseiten der Partner gezeigt haben und die Aggressionen Ausdruck finden konnten, treten der Schmerz, die Trauer und die Angst zutage. Hoffnungen, es könnte sich alles wieder einrenken, lassen noch am Partner festhalten, schützen vor dem großen Abschiedsschmerz.
Können sich die Partner in dieser Phase begegnen, vollzieht sich oftmals eine seltsame Wandlung. Versöhnungswünsche und nochmalige Versuche, die Beziehung zu retten, oft auch aus Angst vor den einschneidenden Konsequenzen, die eine Trennung nach sich zieht, zeigen sich dann in äußerlichen Veränderungen. Plötzlich versucht man sich wieder attraktiver für den anderen zu machen, schaut sich

neue Wohnungen bzw. Häuser an oder spielt sogar mit dem Gedanken, die Stadt wechseln zu wollen, oder bricht den Kontakt zu einer eventuellen Drittbeziehung zeitweilig ab usw. Auf einmal verlieben sich die Partner kurzzeitig wieder ineinander, ohne an den eigentlichen Konflikten gearbeitet zu haben.

In der Paarberatung gilt es diesen Moment mit viel Wachsamkeit wahrzunehmen. Denn: Die Leidtragenden in diesen auf- und abwogenden Gefühlsbädern sind die Kinder. Sie machen all die Bewegungen ihrer Eltern mit und werden durch allzu viele Experimente nur noch mehr verunsichert.

Gelingt es den Partnern an dieser Stelle jedoch, eine »Paararbeit« zu beginnen, am besten durch Begleitung eines professionellen Beraters, und gemeinsam durch den Prozess der Trauer zu gehen, die Kränkungen und Defizite zu bearbeiten, um neue, innere Entwicklungsschritte gehen zu können, kann das ein Neubeginn einer »alten Beziehung« werden. Leider ist dies, wie wir bei Marlen und Daniel gesehen haben, nicht immer möglich.

• *Phase 4*
Der tiefste Punkt der Krise – *Trauer und Akzeptanz:* Sind alle Versuche, die Realität auszublenden, gescheitert, wird einerseits die Trauer als befreiend erlebt. Alles, was verworren war, wird losgelassen, die Tränen können fließen. Andererseits tritt jetzt der Verlustschmerz in seiner ganzen Heftigkeit hervor. Dieser führt viele Menschen nahe an den Abgrund, ins Bodenlose, Hoffnungslose, und oft folgen depressive Zustände, in denen die Betreffenden und

die Kinder eine liebevolle Begleitung durch das Umfeld benötigen.

Diese Phase ist wie das Ausbluten einer Wunde: Dauert es zu lange, werden leicht die Lebenskräfte geschwächt, während eine bewusste Trauerarbeit allmählich zu einer Akzeptanz der neuen Lebenssituation verhilft. Jetzt wird das Leben langsam wieder in der Gegenwart geführt und weniger über die Vergangenheit nachgegrübelt. Das Hier und Jetzt ist zwar noch geprägt von Gedanken und Erinnerungen an die Vergangenheit, aber die starken Gefühle treten zurück. Die durch die Trennung eingetretenen Realitäten werden angenommen und in das Leben integriert.

• *Phase 5*
Experimentieren oder »Die zweite Jugend«: Nun ist ein neuer Freiraum entstanden, der viele Alleinerziehende bzw. Alleinstehende experimentierfreudig werden lässt. Verborgene und verkümmerte Fähigkeiten und Talente werden entdeckt. Die Aufmerksamkeit wird auf das Aussehen, die Attraktivität und oft auf eine neu erwachte Sexualität gerichtet. Der Blickpunkt wendet sich wieder nach außen. Diese Phase kann jedoch noch von Unsicherheit gekennzeichnet sein und zu kleinen »Rückfällen« führen. Ich nenne es dann das »Schwungholen in der Skaterbahn«: ein Hin- und Herpendeln um die Trauerphase (Feilschen – Trauer und Akzeptanz – Experimentieren). Sich zu erlauben, immer mal wieder zwischendurch zu trauern, gehört zu dem Verarbeitungsprozess dazu, und bei genauer Betrachtung merkt man vielleicht, dass sich die Gefühlsqualität verändert hat. *War* man vorher förmlich das Gefühl der

Trauer, so *habe* ich nun das Gefühl. Es ist mehr Abstand eingetreten.

Zu experimentieren beinhaltet auch ein »Sich-Ausprobieren« mit dem Ziel, nach intensivem Suchen und Versuchen einen neuen Entwicklungsschritt in der Biografie zu erreichen.

• *Phase 6*

Neue Sinnsuche und Integration: Die Experimentierphase der »zweiten Jugend« erhält nun eine größere Stabilität. Anstelle des alten Lebenssinnes mit dem Partner ist jetzt etwas ganz Neues, für diesen Menschen Zukünftiges in sein Leben getreten. Je nach spiritueller Bereitschaft kann nun auch der tiefere Sinn der Trennung für die eigene Biografie beleuchtet und mithilfe einer Biografiearbeit oder Therapie in den Gesamtkontext der Biografie gestellt werden. Die Fragestellung kann sein: Warum ist mir das geschehen? Was aus meinem Leben habe ich hier wiederholt? Was wird an alten Verletzungen genau durch diesen Schmerz zur Heilung geführt? Gibt es einen Entwicklungsschritt, den ich versäumt habe?

• *Phase 7*

Neuer Entschluss: Es hat ein Heilungsprozess stattgefunden, die Wunden haben sich im Verlauf der Krisen gesäubert und sind vernarbt. Es ist eine Regeneration eingetreten, welche als Grundlage für neue Lebensschritte und Entscheidungen dient. Vielleicht wurde nun ein neues Zuhause für sich (und die Kinder) geschaffen, die finanziellen Grundlagen sind geklärt und der neue Status »allein-

lebend« bzw. »alleinerziehend« ist anerkannt, sowohl innerlich als auch von dem sozialen Umfeld. Langsam wächst
die Fähigkeit heran, sich auf einen neuen Menschen einzulassen, eine neue Liebesbeziehung einzugehen.

Hier kann es auch zu ungewöhnlichen neuen Begegnungen kommen. Nicht selten wechselt ein Partner bzw. eine
Partnerin von einer heterosexuellen in eine homosexuelle
Beziehung. Entstehen daraus neue Lebensentwürfe, sprechen wir von einer Patchworkfamilie oder von einer Regenbogenfamilie.

Fragen zum eigenen Krisenverhalten:

- Haben Sie eine Trennung ausgesprochen oder entge-
  gennehmen müssen?
- Wie haben Sie die Trennung aufgenommen?
- Welche Gefühle, Gedanken und Handlungsimpulse
  hatten Sie?
- Haben Sie sich in der Krise Hilfe geholt? Was war
  besonders hilfreich für Sie?
- Welche Ihrer Schattenaspekte haben sich innerlich
  oder äußerlich bei Ihnen aufgestellt? Zu was »waren
  Sie fähig«?
- Was hat Sie »zur Besinnung« gebracht?
- Hatten Sie Strategien, um der Tatsache der Trennung
  auszuweichen?
- Wie sind Sie durch den Trauerprozess gekommen?
- Von welchen eingefahrenen Lebensmustern oder
  Menschen mussten Sie sich verabschieden?

- Wie haben Sie Ihre Fühler wieder ins Leben ausgestreckt?
- Haben Sie sich zugestanden, zu experimentieren? Wie haben Sie das gemacht?
- Welche Auswirkungen hatte das auf Ihre Umgebung?
- Konnten Sie sich verabschieden und das Neue begrüßen, indem Sie neue Entschlüsse gefasst und diese in Ihr Leben integriert haben?
- Was ist durch die Trennungskrise neu in Ihr Leben gekommen? Unterscheiden Sie dabei innere und äußere Erfahrungen.

Und wieder allein –
»Single mit Anhang«

—— Aurelias und Maltes Trennung liegt jetzt ein Vierteljahr zurück. Aurelia lebt mit den Kindern weiterhin in der gemeinsamen Wohnung, während Malte sich vorerst eine möblierte Ferienwohnung gemietet hat. Die Kinder besuchen ihn am Wochenende. Aurelia war bisher bei den Kindern zu Hause geblieben, was sich durch die Trennung nicht weiter aufrechterhalten lässt. Malte und sie möchten die Kinder zukünftig im Wechsel bei sich leben lassen, damit die Beziehung zu beiden Elternteilen vertrauensvoll erhalten bleibt.

Aurelia hat die letzten neun Jahre nicht in ihrem Beruf als Bankkauffrau gearbeitet und weiß, dass sich gerade im Bereich der EDV viel geändert hat. Manchmal hat sie den Eindruck, in allem wieder ganz von vorne beginnen zu müssen, nur unter sehr belastenden Bedingungen. Die große Wohnung wird sie mit den Kindern so nicht halten können, was einen Umzug bedeuten wird. Wenn die Kinder im Wechsel bei Malte und bei ihr leben werden, wird sie kein Anrecht auf Unterhalt haben, höchstens eine Ausgleichszahlung bekommen. Es wird vorne und hinten nicht reichen. Das heißt, sie muss jetzt sich und die Kinder zur Hälfte ernähren.

Alles in ihr widerstrebt dem. Sie fühlt keine Kraft für die Zukunft. Und dennoch muss sie den Tatsachen ins Auge blicken, denn die Ehe unter den schwierigen Bedingungen weiterhin aufrechtzuerhalten wäre für sie auch keine Option gewesen.

Etwas neidisch blickt sie auf Malte, denn der hat es ihrer Meinung nach wesentlich leichter, sein Leben in den Griff zu bekommen. Kein Berufswechsel, und den »Frauenwechsel« hat er ja bereits vollzogen, denkt sie sarkastisch. Noch genießen die Kinder einen »Welpenschutz«, denn sie haben vereinbart, dass Malte seine neue Partnerin nur an den kinderfreien Tagen trifft. Doch wie lange wird das so gehen?

Durch die Trennungskrise hat ein neues Autonomiestreben stattgefunden, welches den getrennten Partnern wieder ein selbstständiges Leben ermöglicht hat.

Je nach Modell leben die Kinder jetzt zeitweilig bei beiden Elternteilen. Wir sprechen hier entweder vom Residenzmodell, bei dem die Kinder bei einem Elternteil wohnen und zum Beispiel 14-tägig und einmal wöchentlich beim anderen Elternteil leben, oder vom Wechselmodell, das den Kindern ermöglicht, bei beiden Eltern zu ungefähr gleichen Teilen im individuell vereinbarten Wechsel zu leben. Sehr selten entscheiden sich Eltern für das Nestmodell. Die Kinder sind diejenigen, die im gemeinsamen Zuhause bleiben, und die Eltern leben dann im Wechsel bei ihren Kindern und haben ansonsten ihren eigenen neuen Lebensbereich. Noch seltener wird das WG-Modell gewählt, in dem Kinder und Eltern mit ihren neuen Partnern in einer Wohngemeinschaft leben, denn diese Form schafft die größten Verunsicherungen und Überforderungen für die Kinder und oftmals auch für den »unfreiwillig getrennten« Partner.

In allen Modellen haben sich jedoch neue Gewohnheiten zwischen der Mutter bzw. dem Vater und den Kindern gebildet. Jeder hat gelernt, auf eigenen Beinen zu stehen, und es hat sich eine besondere Form der Intimität zwischen den Kindern und den Elternteilen entwickelt. Tritt jetzt ein neuer Partner in das Leben der Eltern und somit auch der Kinder, beginnen neue Herausforderungen für alle Beteiligten.

Ein neuer Partner wird erst einmal mehr oder weniger als Eindringling in diese enge Gemeinschaft erlebt, und es bedarf in hohem Maße der Vorbereitung und des Einfühlungsvermögens, um diesen in das neue Beziehungsgeflecht mit hineinzunehmen.

Der Schmerz der Trennungskinder

Trennungsfamilien haben in der Regel schmerzvolle Be-
wältigungsprozesse hinter sich. Im besten Fall haben die
getrennten Partner erkannt, woran ihre Ehe gescheitert ist,
haben die Gründe aus dem Dunkel ans Licht geholt und
damit auch ihren gemeinsamen Kindern eine gute Grundlage zur Verarbeitung der Trennung ihrer Eltern gegeben.
Im Gegensatz dazu können Kinder aus einer Trennung
auch mit Schuld-, Wut- und/oder Widerstandsgefühlen einem Elternteil gegenüber hervorgehen, um diesen Verlust,
diese »Kränkung« zu bewältigen. Je stärker die Kinder in
den »Trennungskrieg« involviert sind, desto schwieriger
wird ein Zusammenwachsen in einer eventuellen späteren Patchworkfamilie. »Unsichtbare« Anteile des anderen
Elternteils, ganz andere Erfahrungen in der Primärtriade
(siehe Seite 49 f.) sowie eben auch unterschiedliche Fami-
liensysteme treffen aufeinander und sorgen für Unsicherheit, Unruhe und Übertragungen: Gefühle und Haltungen
werden einem Menschen gegenüber ausgelebt, der damit
gar nichts zu tun hat. Aber er erinnert an alte Kränkungen
oder Sehnsüchte und wird dann entweder abgelehnt oder
übermäßig in Beschlag genommen.
In Trennungsphasen sind Kinder den stärksten Zerreißpro-
ben ausgesetzt. Sie stellen sich innerlich sowohl auf die Seite der Mutter als auch ein anderes Mal auf die des Vaters.

Dazwischen lebt die große Frage der Schuld, die sich ein Kind ab dem sechsten oder siebten Lebensjahr zu stellen beginnt. Haben sich die Eltern zu viel über ihn bzw. sie ärgern müssen? Hätte es braver, stiller, ordentlicher etc. sein müssen, dann wäre das alles nicht passiert? Aus meiner biografischen Arbeit mit Erwachsenen ließen sich einige Beispiele dieser Art aufführen, die aufzeigen könnten, wie stark Kinder Schuld und Verantwortung auf sich laden.

Hat sich ein Elternteil nun neu verbunden, so gilt dem neuen Partner gegenüber erst einmal Distanz, das Kind braucht Raum für Beobachtungen und Zeit, sich langsam auf ihn zuzubewegen.

Für Kinder aus gescheiterten Ehen ist es wichtig, dass ihre Eltern die Verantwortung für die Trennung übernehmen. Denn Kinder können noch nicht wie Erwachsene mit ihren Schuldgefühlen umgehen.

Heilend ist es für Kinder, wenn ihre Eltern trauern und es ihren Kindern auch zugestehen können, ohne dabei negativ über den Partner zu sprechen. Denn Gefühle der Trauer müssen alle ertragen, die Verlassenen ebenso wie der, der geht. Nur sollten Kinder auf keinen Fall in die Rolle der Tröster kommen. Die Verantwortung bleibt bei den Erwachsenen, was bedeuten kann, dass diese gegebenenfalls professionelle Hilfe in Anspruch nehmen müssen.

In der Trauerphase findet die Auseinandersetzung mit eigener Schuld und eigenem Versagen statt, in ihr müssen Illusionen und Ideale aufgegeben und der reale Verlust eines Partners und eventuell der Kinder betrauert werden. Die Möglichkeit des Trauerns ebnet einen Weg dahin, dass das Vergangene bewältigt werden und in eine Versöhnung münden kann. Aber Versöhnung heißt dann nicht, dass ein alter Zustand wiederhergestellt wird, sondern dass die eigenen Grenzen und Unfähigkeiten angenommen werden, denn erst die Versöhnung mit sich selbst öffnet auch den Weg zu einer Versöhnung mit dem anderen. Das scheint mir eine Voraussetzung zu sein, sich in Freiheit wieder in eine neue Partnerschaft zu begeben und den Kindern einen Freiraum in ihrer Seele zu schaffen, den sie für sich selbst nutzen dürfen, um ein gesundes Ich-Bewusstsein zu entwickeln.

Das kleine Kind bis zu einem Alter von ungefähr sieben Jahren lebt noch in starker Verbundenheit mit seiner Umgebung, es hat noch wenig Vorstellung von Ursache und Wirkung. Es ist in seinem Gefühlsleben noch ganz existenziell von den Eltern abhängig. Schaffen die Eltern es, dem Kind in diesem Alter ein gutes Bild vom anderen Elternteil zu vermitteln, wächst seine Chance, ohne allzu großen Vertrauensverlust weiterzuleben.

Ist der andere Partner eine neue Beziehung eingegangen und besucht ihn das Kind, ist es hilfreich, wenn die Mutter bzw. der Vater es mit hineinbegleiten darf, dass es spürt: »So wie meine Eltern es tun, ist es gut«, denn es lebt noch so sehr in dem tiefen Gefühl, dass die Welt gut ist.

Ist das Kind im zweiten Jahrsiebt von einer Trennung betroffen, birgt das Lebensalter in sich schon eine spezielle Dramatik, denn das Kind zwischen dem neunten und zehnten Lebensjahr steht in einem eigenen Trennungsprozess. Es erlebt in sich ein starkes Ich-Gefühl, das gleichzeitig eine Distanz zu seiner Umgebung schafft. Das Erlebnis »Hier bin ich, und dort ist die Welt« kann Krisen bei einem Kind in diesem Alter auslösen; es kann starke Einsamkeitserlebnisse haben, die durch eine Trennung einen stärkeren Verlauf nehmen können. Das kann bis hin zu Angstzuständen, Todessehnsüchten und undefinierbaren Krankheitssymptomen führen.

Die Welt wird von einem Kind in diesem Alter in Gut und Böse eingeteilt. Geht ein Elternteil, ist es böse auf diesen, aber unter Umständen fühlt es sich schuldig an der Trennung. All das ist für ein Kind wie eine Zerreißprobe. In diesem Alter nehmen die Kinder die Stimmungen und Gewohnheiten ihrer Umgebung stark in sich auf, und wir legen hier als Eltern einen entscheidenden Baustein für ihr späteres Leben in ihre Seele.

In diesem Alter braucht das Kind, dass die Eltern mit ihm sprechen, Verständnis zeigen für seine Sorgen und Nöte und die eigenen Sorgen etwas zurückstellen. Es braucht Ermutigung und Zuspruch. Erfahrungsgemäß sind in dieser Zeit Wahlverwandtschaften im Sinne von befreundeten Familien oder der Beistand durch die Paten sehr hilfreich.

Erleben Kinder erst im dritten Jahrsiebt die Trennung ihrer Eltern, hat man einerseits die große Chance, dass die Jugendlichen den Trennungsschmerz besser verkraften. Doch auch hier sind es immer noch die Kinder dieser Eltern und noch keine Erwachsenen. Sie machen gerade ihre ersten Erfahrungen innerhalb des eigenen seelischen Erlebens wie die erste Verliebtheit, aufbrechende Sexualität und Selbstfindung. Meist haben ja die Auseinandersetzungen der Eltern die eigene Problematik zum Inhalt, und der Heranwachsende fühlt sich überfordert. Oft stoßen die Jugendlichen zum Selbstschutz ihre Eltern vor den Kopf und gehen ihre eigenen Wege. Eigentlich benötigen Jugendliche jetzt Stabilität und Rückendeckung für ihre Schritte in die Welt des Erwachsenwerdens.

Bedenken Sie, dass Ihr Kind in diesem Alter noch nicht voll urteilsfähig und sowieso befangen ist. Befragen Sie es nicht zum Wert des anderen Elternteils, sprechen Sie möglichst gut und wertschätzend über ihn, denn eigentlich braucht und vermisst es den Vater bzw. die Mutter. Werden die Probleme für den Jugendlichen zu groß, läuft er Gefahr, eine Kompensation in Drogen zu suchen oder sich in Jugendkrankheiten wie Bulimie und Magersucht zu flüchten.

Trennungskinder brauchen, dass ...
- Eltern die Verantwortung für die Trennung übernehmen,
- Eltern bleiben, auch wenn sie keine Partner mehr sind,
- Eltern sich professionelle Hilfe im Konflikt holen,
- Eltern ihre Kinder nicht zum Partner werden lassen,
- Eltern die Kinder bei Schuldgefühlen entlasten,
- Eltern für ihre Kinder bei Bedarf professionelle Hilfe holen,
- Eltern wertschätzend übereinander reden.

Außerdem brauchen Trennungskinder, dass ...
- sie wütend sein dürfen,
- sie trauern dürfen,
- sie schweigen dürfen,
- sie keine Partei ergreifen müssen,
- sie beide Elternteile weiterhin lieben dürfen,
- ein »soziales Netzwerk« um sich herum.

Liebe im zweiten Anlauf –
Partnerschaft in einer Patchworkfamilie

— Jonas und Maja laufen sich auf der traditionellen Kieler Woche an diesem Tag immer wieder über den Weg. Beim dritten Mal müssen beide aus vollstem Herzen lachen. Etwas, was jeder von ihnen in letzter Zeit nicht mehr gut konnte. Jonas lebt seit einem Jahr getrennt von Julia, der Scheidungstermin ist im nächsten Monat. Maja wohnt nach einem »Scheidungskrieg« mit ihren beiden Söhnen, elf und neun Jahre alt, seit einem halben Jahr in der Großstadt, was für sie eine Herausforderung darstellt. Sie hat aus beruflichen Gründen diesen Wohnortwechsel vorgenommen, der sie zwar unabhängiger von ihrem Exmann Sven sein lässt, sich aber für die Kinder und die Besuchssituation schwierig gestaltet.

Das gemeinsame Lachen sollte verbindend für die beiden werden: Jonas lädt Maja auf einen Wein beim Italiener ein – und schnell kommen ihre Gespräche auf den »wunden Punkt«. Beide erzählen sich von ihren gescheiterten Beziehungen, dem Schmerz um die Trennungssituation der Kinder, denn auch Jonas ist Vater dreier Töchter im Alter von zwölf, neun und sieben Jahren.

Jonas' und Majas Verliebtsein beginnt mit Hindernissen: Wer kann wann bei wem schlafen? Sind die Kinder da, haben sie gerade »Mama-« oder »Papa-Wochenende«? Die ersten Wochenenden verbringen sie bei Jonas, wenn die Kinder nicht da sind. Doch zunehmend möchte er auch an Majas

Familienalltag teilhaben. Maja macht sich Sorgen wegen der Reaktion ihrer Söhne. Wird er ein Konkurrent für den Vater der Kinder sein? Eröffnet Sven wieder den nächsten »Kriegsschauplatz«?

Wie sehr sehnen sich beide nach einer unkomplizierten Begegnung, die ihrer Verliebtheit Raum für Nähe, Sexualität und Unbeschwertheit bietet. Werden sie die Probe »Liebe mit Anhang« bestehen?

—— Nora ist seit der Geburt ihrer fünfjährigen Tochter Philine alleinerziehend und ohne Kontakte zum Vater. Mutter und Tochter haben eine sehr enge Beziehung, in der ein Dritter in den vergangenen Jahren nur schwer Platz fand. Doch mit Per scheint es anders zu werden. Sie haben sich während eines kinderfreien Kurzurlaubs in Venedig kennengelernt. Es war eine Liebe auf den ersten Blick, die nicht nur 150 Kilometer Entfernung, sondern auch die »Meine-deine-Kinder«-Problematik zu verkraften hatte. Denn Per hat aus seiner ersten Ehe zwei Kinder im Alter von zehn und zwölf Jahren.

Besonders das erste Jahr stellt ihre Beziehung durch die symbiotische Mutter-Tochter-Beziehung immer wieder hart auf die Probe. Philine erhebt den Anspruch, auch weiterhin bei Nora zu schlafen, was wiederum bei Per Eifersuchtsszenen auslöst, da er dieses Verhalten von seinen Kindern nicht kennt. Auch Nora plagen immer wieder Schuldgefühle, glaubt sie doch, sich nicht mehr genügend um ihre Tochter kümmern zu können. Ihre innere Zerrissenheit zwischen Per und Philine führen sie in die Beratung. Sie spürt, dass es ihr mit Per ernst ist und sie ihn auf keinen Fall verlieren möchte. Sie möchte das starke Band zu ihrer Tochter lockern, was nicht ohne Abschiedsschmerz vom bisherigen Status der beiden gehen wird.

Liebe im zweiten Anlauf heißt: Es wurden bereits tiefe Beziehungserfahrungen gemacht, die Verletzungen und Wunden hinterlassen haben. Die Kräfte gefordert haben, welche nun in einer neuen Partnerschaft nicht mehr vorbehaltlos zur Verfügung stehen. – Paare nehmen einen zweiten oder dritten Anlauf ja nur dann, wenn der erste misslungen ist. Wer müsste sich nicht Mut zusprechen, um einen »verlorenen Wettkampf« zu wiederholen?! Das ist nicht selten die Ausgangslage für Paare, die bereits ein gescheitertes Familienleben mit anderen Partnern hinter sich haben. Ein zweiter Anlauf beinhaltet besondere Herausforderungen, denn das frisch verliebte Paar hat nicht die gleichen Bedingungen wie ein Paar ohne Kinder.

Das Leben als Paar in einer Patchworkfamilie inklusive seiner Vorstufen sollte neben der Verliebtheit und der wachsenden Liebe von einer großen Wachheit für die gegenseitigen Lebensumstände und von der Fähigkeit zur Empathie geprägt sein. Denn nicht selten stehen durch die Kinder des neuen Partners auch die nicht anwesenden anderen Elternteile mit im Hintergrund und sorgen für Zündstoff in der Beziehung.

— Maja lässt Jonas nur bedingt an ihre Söhne heran, weil sie noch immer Angst vor Svens Reaktionen hat. Sie hat sich von ihm getrennt, und das lässt er sie durch die ewigen Auseinandersetzungen über die Kinder auch sehr stark spüren. Jonas reagiert mit Eifersucht darauf und ist wütend auf Sven und manchmal sogar auf die Söhne, die eigentlich ganz positiv auf ihn und besonders seine Töchter reagieren. Sind alle Kinder am Wochenende beisammen, bleibt jedoch nicht mehr viel für sie als Paar übrig. Und dennoch: So lebendig haben sich Maja und Jonas seit Jahren nicht gefühlt!

Im Lauf der Zeit merken sie, dass sie sich als Paar regelmäßig Freiräume schaffen müssen, um ihre Ängste, Verletzungen und vor allem ihre Bedürfnisse nicht aus den Augen zu verlieren und gemeinsam zu bewegen. – Das Scheitern ihrer letzten Beziehung trägt den Aufforderungscharakter in sich, die gleichen Fehler nicht noch einmal zu begehen.

___ Während Nora bemüht ist und übt, sich von Philine zu lösen, arbeitet Per an seiner starren und skeptischen Haltung gegenüber Noras Erziehungsstil, denn das hat in der Vergangenheit für viel Spannung in der jungen Beziehung gesorgt und dafür, dass Philine nur noch mehr an ihrer Mutter klammerte.

Erst die Erkenntnis, dass jeder sein individuelles Familiensystem gelebt hat und daraus unterschiedliche Werte und Gewohnheiten erwachsen sind, die Zeit und achtsamen Umgang in der Veränderung erfordern, hat Nora und Per gezeigt, dass beide einen Schritt in Richtung Problemlösung gehen müssen.

Philine freut sich inzwischen von Monat zu Monat mehr auf den Besuch von Kiki und Bosse, die regelmäßig mit ihrem

Vater zu ihnen kommen. Dabei ist für sie der Schlafplatz neben ihrer Mama immer unwichtiger geworden. Als dann eines Tages Nora und Per den Kindern verkünden, dass sie ein gemeinsames Geschwisterchen bekommen werden, scheint die Patchworkfamilie komplett zu sein: Meine – deine – unsere Kinder heißt es von nun an.

Haben sich die Partner zu einem gemeinsamen Leben entschieden, sollten die Kinder, im besten Falle auch der andere Elternteil, in diese Schritte mit einbezogen werden und alle gemeinsam einen Vorbereitungszeitraum haben. Die Entscheidung, im nächsten Schritt eine Patchworkfamilie zu gründen, kann in den Kindern trotz erster Vertrautheit mit dem neuen Partner Gefühle von Angst, Unsicherheit und Wut auslösen, denn nun spüren – nein, wissen sie, dass ihr sehnlichster Wunsch, Mutter und Vater könnten irgendwann wieder zusammenkommen, nicht in Erfüllung gehen wird (siehe auch das Kapitel »Der Schmerz der Trennungskinder«, Seite 97 ff.). Das ist noch einmal ein besonderer Abschnitt der Trauerarbeit für die Kinder, manchmal auch für die getrennt lebenden Elternteile, wenn die Trennung nicht genügend verarbeitet werden konnte. Man muss sich auf ein erneutes Spannungsfeld einstellen, denn es kann unter Umständen dazu kommen, dass der frühere Partner dieser neuen Situation mit Vorwürfen und Intrigen begegnet.

___ Maria fühlte sich durch die neue Familiengründung von Carsten noch einmal an die gemeinsame Familienzeit erinnert, und als seine neue Frau schwanger wurde, war es ihr fast unmöglich, am Wochenende die Tochter zu Carsten gehen zu lassen. Sie hatte das Gefühl, ihre Tochter käme nicht zu ihrem Recht. Erst als sie noch einmal den Verlust von Carsten und somit das Familienbild von Mutter, Vater und Kind bearbeitete, fand sie die Möglichkeit einer freien Begegnung.

Es gilt für diese neue Familiengründung auch ganz praktische Gesichtspunkte ins Auge zu fassen:

- Wie können die Ex-Partner achtsam in diesen Prozess einbezogen werden?
- Wo werden alle gemeinsam wohnen?
- Wie viele Zimmer stehen zur Verfügung?
- Gibt es genügend Rückzugsmöglichkeiten?

Aus den Erfahrungen der Beratungsarbeit heraus hat es sich als schwierig erwiesen, wenn eine neue Familie im Umfeld der alten Beziehung bzw. Familie gegründet wird, beispielsweise im selben Haus. Es bedeutet eine Herausforderung für die Familienmitglieder mit dem Heimvorteil, denn hier haben ihre Gewohnheiten geherrscht, hier leben ihre Erinnerungen an die Kernfamilie. Und man muss sich fragen, wie ein neuer Partner dort Wurzeln bilden kann. Es müssen gerade in einer solchen Situation sehr anstrengende Umbauprozesse im Seelischen, aber auch im Physischen angegangen werden, damit sowohl die Stellung im Beziehungsgeflecht als auch das Zuhause wieder etwas wirklich »Eigenes« werden kann.

Die Gründung einer Patchworkfamilie geschieht oftmals in die Lebensmitte hinein, und es treffen Menschen aufeinander, bei denen eine stärkere Persönlichkeitsentwicklung stattgefunden hat als in jüngeren Jahren. Hier wird man mit einer Form von Lebenskunst konfrontiert, die dazu herausfordern kann, dem mir vielleicht ganz Fremden Raum und Achtung zu geben, ohne es mir gleichmachen zu wollen. Praktisch kann das bedeuten: Der eine liebt den Jugendstil und hat sich entsprechend eingerichtet, während der andere klare, kühle Formen bevorzugt.

In einer Patchworkgemeinschaft muss sich jeder wiederfinden können; das kann heißen, dass die Patchworkidee möglicherweise bis in die äußere Gestaltung hinein sichtbar wird – vielleicht hängen über Jahre keine Bilder an der Wand.

Es braucht erfahrungsgemäß einige Jahre, bis sich ein gemeinsames Band im Sinne einer Einrahmung der Flickendecke gebildet hat.

In der Erziehung der Kinder war bisher der anwesende Elternteil verantwortlich. Nun tritt ein neuer Partner hinzu. Die Mutter bzw. der Vater ist nicht mehr die einzige Person, die Vorgaben macht. Die Aufgabe ist nun, gemeinsam herauszufinden, an welcher Stelle es dem neuen Partner wichtig ist, seinen Farbklang mit in das Beziehungsmuster hineinzugeben, und wie das gehen kann, ohne die Kinder schon gleich mit erziehen zu wollen. Hier sind Familiengespräche am runden Tisch gerade am Anfang der Gemeinschaftsbildung von großer Hilfe. Sicherlich muss man hierbei das Lebensalter der Kinder und ihre Möglichkeiten mit berücksichtigen.

Je länger eine Patchworkfamilie zusammenlebt, desto mehr werden gemeinsame neue Gewohnheiten deutlich werden. Hierzu gehört, dass der nicht leibliche Elternteil zunehmend seine Vorstellungen, Bedürfnisse und auch Grenzen zeigen sollte. Er/sie ist ein Teil einer neuen Gemeinschaft, nennen wir sie Familie mit Bonuskindern und Bonuseltern, und darf, nachdem eine Beziehung hergestellt wurde, auch die Erziehung mit übernehmen.

In einer Patchworkfamilie lebt eine besondere Dynamik mit vielen Herausforderungen, sie bietet aber auch ein hohes Maß an Entwicklungsmöglichkeiten. Toleranz, Wahrnehmungs- und Empathiefähigkeit dem Fremden gegenüber gehören dabei zu den Qualitäten, die in der Partnerschaft einer Patchworkfamilie benötigt werden und einen zweiten Anlauf gelingen lassen.

Regenbogenbeziehungen

—— Tanja lebt seit einem halben Jahr von ihrer Partnerin getrennt. Sie hat sich seitdem ein wenig aus dem sozialen Leben zurückgezogen. Doch heute Abend will sie zur Geburtstagsparty ihrer Lieblingskollegin gehen. Urte ist 40 Jahre geworden und lebt seit zwei Jahren mit ihren beiden Kindern alleine. Auf seltsame Weise geraten Tanja und Urte an diesem Abend immer wieder zueinander. Als Tanja sie dann fast zärtlich auf die Tanzfläche zieht, ist Urte verwirrt und fühlt sich gleichzeitig von ihr angezogen. Dieser Abend wird der Anfang einer langjährigen lesbischen Beziehung sein.

—— Anna und Tim leben mit ihren beiden Kindern, acht und zehn Jahre, auf einem Resthof. In den vergangenen Jahren stand immer mal wieder die Trennungsfrage im Raum, da sie sich als Paar auseinandergelebt haben. Beide hatten zeitweise kurze »Außenbeziehungen«, die sie auf den Mangel ihrer eigenen körperlichen Beziehung zueinander zurückführten. In der Paarberatung, für die sie sich entschieden haben, kommt es bei der Frage nach den sexuellen Wünschen und Sehnsüchten zu einem unerwarteten Coming-out: Tim verspürt seit längerer Zeit den Wunsch in sich, eine Frau zu sein. Anna ist geschockt und gleichzeitig erleichtert, denn nun lassen sich die Konflikte ganz anders erklären.

— Maren und Julia, beide 35 Jahre alt, sind seit 15 Jahren ein lesbisches Paar. Seit fünf Jahren leben sie in einer eingetragenen Lebenspartnerschaft zusammen mit ihrer Hündin Lucie in einer Wohnung am Stadtrand. Ein wirkliches Coming-out hat es vor zehn Jahren gegeben. Besonders für die Eltern von Julia war die Homosexualität ihrer Tochter damals eine Herausforderung, da sie das einzige Kind ist und sie sich ganz egoistisch die Frage nach Enkelkindern stellten. Heute leben Maren und Julia familiär und gesellschaftlich akzeptiert offen ihre lesbische Beziehung, die seit dem letzten Jahr, dem »Pubertätsjahr in Beziehungen« (siehe Seite 38), auf dem Prüfstand steht. Maren hat sich auf einem Kongress in Lisa, eine alleinerziehende Mutter, verliebt, was für Julia sehr schmerzvoll ist. Für sie stellt sich nun die Vertrauens- und somit auch die Zukunftsfrage in ihrer Partnerschaft.

In der Beratung wird deutlich, dass Maren seit längerer Zeit einen Kinderwunsch in sich trägt. Dieser hat sich durch die Begegnung mit Lisa und deren fünfjähriger Tochter noch verstärkt. Maren scheint es, als ob sie Lisa begegnet sei, um sich und damit auch Julia diese biografische Frage konsequent zu stellen, denn schließlich haben sie bereits die Lebensmitte erreicht.

Julia reagiert unerwartet offen auf die Frage der Familiengründung, wenngleich für sie dieses Thema bisher nicht aktuell war. Sie fühlt sich als selbstständige Buchhändlerin beruflich ausgefüllt. Die letzten Monate aber haben schon sehr an ihr gezehrt und zu Unsicherheit geführt. Die beiden entscheiden sich im Lauf der Paarsitzungen für ihre Beziehung – und für die gemeinsame Familienplanung, was ganz neue Aspekte in ihre Partnerschaft bringt. Nach dem Ausschluss einer anonymen Samenspende entschließen sich Julia und Maren, ihre beiden schwulen Freunde Fred und Hans zu besuchen, um mit ihnen die Frage und Bereitschaft einer gemeinsamen Elternschaft zu bewegen.

Auch Fred und Hans haben die Möglichkeit des Vaterwerdens schon des Öfteren erwogen und sind berührt von Marens und Julias Frage. Doch wer wird der Samenspender sein und wer trägt das Kind aus? Welche Verantwortung und welche Rolle haben dann die nichtleiblichen Partner?

Wie in heterosexuellen Beziehungen erleben natürlich auch Paare in Regenbogenbeziehungen Krisen und Konflikte. Aber es kommen noch andere Fragestellungen hinzu, die etwas mit der Geschichte der Homosexualität und der damit verbundenen Homophobie zu tun haben.

In Deutschland gibt es drei bis vier Millionen Lesben und Schwule. Die Hälfte davon lebt in festen Beziehungen. In jeder achten gleichgeschlechtlichen Lebensgemeinschaft wachsen Kinder auf.[11]

Ein Coming-out ist noch immer nicht belastungs- und angstfrei – und je nach Sozialisation gibt es große Unterschiede.

Wie bei Urte und Tim kann sich im Lauf des Lebens die sexuelle Orientierung auch ändern. In der Pubertät tritt bei vielen Jungen und Mädchen eine homosexuelle Erotik und Sehnsucht als vorübergehende Neigung auf, bevor sie sich dann in der Hetero- bzw. Homosexualität gründen. Aber auch heute noch sorgen strenge Sozialisationsbedingungen oft dafür, dass eine homosexuelle Neigung unterdrückt wird und sich dann erst in der Lebensmitte, wie bei Urte oder Tim, als geschlechtsspezifische Unsicherheit zeigen kann. Erst Tims Kontakt zur Transgender-Szene gab ihm den Mut, sich als transsexuell zu outen. In Annas und Tims Beziehung führte diese Veränderung zu einer großen Verunsicherung und mischte die Karten der klassischen Rollen »typisch Mann« und »typisch Frau« ganz neu. Anna kann und möchte unter den veränderten Geschlechtsbedingungen nicht mehr mit Tim als Paar zusammenleben. Aber als Eltern dürfen sie sich die bedeutungsvolle Frage nach ihrer Individualität viel eher als die nach ihrer Geschlechtsidentität stellen, denn als Eltern sind sie in erster Linie Mensch. Und als Menschen werden sie auch künftig mit Hingabe und Liebe für die beiden Kinder da sein.

Familienbildung ist für ein heterosexuelles Paar ganz einfach, wenn keine gesundheitlichen Einschränkungen vorliegen, und selbstverständlich ist das Elternsein noch immer meist an die klassischen Rollenzuschreibungen gebunden.

Anders ist es dagegen für homo- und bisexuelle Partner.

—— Maren und Julia stellen sich für ihre Familienbildung verschiedenste Modelle vor und beginnen, sich erstmalig mit der rechtlichen Seite des Elternwerdens als homosexuelles Paar auseinanderzusetzen. Beide haben gemeinsam mit Fred und Hans beschlossen, eine »Queerfamilie« zu gründen: Ihr gemeinsames Kind soll zwei Mütter und zwei Väter haben. Sie haben sich für eine Insemination entschieden, in der die befruchtungsfähigen Samen von Hans in die Gebärmutter von

Maren eingesetzt werden. Ein Jahr später ist es so weit: Maren bringt den kleinen Max zur Welt.

Nach der gemeinsam erlebten Schwangerschaft beginnt nun die Prüfung für alle Beteiligten, ob sie es schaffen werden, die leiblichen Ansprüche an ihr Kind zu überwinden und für Julia und Fred den Weg in eine gleichberechtigte Co-Elternschaft zu bahnen. Aber es gibt ja noch die Möglichkeit einer weiteren Schwangerschaft durch Fred und Julia! Auf diese Weise kämen Julias Eltern doch noch in den Genuss, »leibliche Großeltern« zu werden. Der kleine Max aber ist schon jetzt eine große Freude für sie.

___ Maren und Selma sind jetzt seit sechs Jahren eine Regenbogenfamilie, zu der die verschiedensten Menschen gehören. Selma hat vorher eine heterosexuelle Beziehung gehabt, aus der drei Töchter stammen. Jetzt lebt leben sie als homosexuelles Paar zusammen und erleben wenig Irritationen, im Gegenteil oft sogar Wertschätzung für ihr neues Familienmodell.

Maren hat keine eigenen Kinder und lebte auch bisher immer in homosexuellen Beziehungen. Heute hat sie plötzlich eine Freundin mit drei Kindern. Freunde stellen ihr die Frage nach den Rollenklischees, ob sie wohl mehr den männlichen Teil in der Beziehung lebt oder eine zweite Mutter für die Kinder ist. Maren sieht sich plötzlich Kindern gegenüber und muss und möchte auch Verantwortung übernehmen. Aber das ist, wenn man bisher nur Verantwortung für sich selbst gehabt hat, gar nicht so einfach. Eigene Kinder zu haben war bisher in ihrem Leben kein Thema. Sie fühlt sich weder als die zweite Mutter, noch ersetzt sie den abwesenden Vater. Sie ist auf jeden Fall ein verantwortungsvoller Erwachsener in dieser Familie, sowohl in ökonomischer als auch in gesetzlicher Hinsicht, aber im emotionalen Bereich weiß sie noch nicht genau, wo ihre Rolle ist.

Die drei Töchter von Selma gehen erstaunlich souverän mit der Tatsache um, dass Selmas neuer »Partner« eine Partnerin ist. Sie kennen Maren bereits seit Jahren, was die Beziehungsgestaltung erleichtert hat.

Selma erlebt nach ihrer letzten Beziehung zu einem Mann die Beziehung zu Maren als eine Erleichterung, denn Maren hat keine Ambitionen, die Rolle eines neuen Vaters in der Familie zu übernehmen. Doch bemerkt sie hin und wieder kleine Irritationen bei ihren Töchtern. Diese verunsichern dann auch Maren. Für sie ist es eine große Herausforderung, ein Teil einer etablierten Familie zu werden, ihren Platz darin zu finden. Als sie sich in Selma verliebte, wollte sie eigentlich am liebsten nur mit ihr zusammen sein und nicht mit einer kompletten Familie. Doch Selma hat ihr gleich zu Beginn sehr viel Vertrauen entgegengebracht, dass sie beide das schaffen werden.

Selmas eigene Familie konnte diesen Sprung von einem Mann zu einer Frau hingegen nicht so einfach mitvollziehen. Ihre Eltern brauchten viel Zeit, um sich an Maren als »weiblichen Partner« zu gewöhnen. Ihre Mutter hat immer wieder versucht, Erklärungen zu finden, warum sich wohl ihre Tochter entschieden hat, mit einer Frau zusammenzuleben. Marens Eltern dagegen konnten sich bereits vor 25 Jahren an die Homosexualität ihrer Tochter gewöhnen. Sie haben die neue Familie schnell akzeptiert und sich über den Enkeltöchterzuwachs sehr gefreut – was sich in den buntesten selbst gestrickten Socken für alle zeigt.

Erstaunlicherweise reagierte die ehemalige Schwiegermutter, die Großmutter väterlicherseits der Kinder, mit großer Offenheit und Humor auf Maren. Sie sagte: »Nun habe ich zwei Schwiegertöchter.«

Der Vater der Mädchen hat weder besonders positiv noch negativ auf die lesbische Beziehung der Mutter seiner Kinder reagiert.

Inzwischen begleitet Maren Selma als Partnerin auf Elternabenden, beim Arzt oder auf dem Amt. Beide erleben eine große Toleranz und Empathie von außen. Zum Arzt gehen die Kinder allerdings lieber mit Selma allein. Für die Mädchen scheint das Leben im Großen und Ganzen so in Ordnung zu sein, aber genau wissen sie es wahrscheinlich erst später.

Neulich wollte die mittlere Tochter nicht, dass Maren bei einem Gespräch mit dem Lehrer dabei ist. Sie sagte, sie wolle sich nicht von den anderen unterscheiden.

Inzwischen sind Maren und Selma krisengeprüft zu einem verheirateten Paar geworden und leben mit ihrem gemeinsamen Hund und den drei Töchtern als Regenbogenfamilie in ihrem eigenen Haus.

Aus alt mach neu –
Beziehungen auf dem Prüfstand

— Ute steigt verzweifelt auf die Waage: Schon wieder ein Kilo mehr!

Sie ist unzufrieden mit ihren körperlichen Veränderungen, mit sich selbst und lässt das auch Hans gerne spüren. Nachts liegt sie wach, weil sie ständig die nassgeschwitzte Nachtwäsche wechseln muss, morgens fühlt sie sich wie gerädert. Hans ist irritiert und verunsichert wegen ihrer Veränderungen, wenngleich es ihm manchmal nicht anders ergeht. Nur – er spricht nicht darüber.

Sie leben seit 23 Jahren in einer guten Partnerschaft, die ihre Höhen und Tiefen, manchmal auch Fragezeichen hatte, aber eigentlich für beide sehr zufriedenstellend war. Sie hatten sich nach einigen erfolglosen Versuchen, ein Kind zu bekommen, bewusst für eine kinderlose Beziehung entschieden. Ute hat die Karriereleiter als Unternehmensberaterin bestiegen, während Hans seinem Bankunternehmen als Filialleiter treu geblieben ist.

Beide reisen gerne, lieben Kultur, gutes Essen und haben viele soziale Kontakte. Aber in letzter Zeit ist Ute auch das zu viel. Sie ist für Hans manchmal nicht wiederzuerkennen, wenn sie vor aufsteigender Hitze um sich wedelt und gereizt auf seine Nähe reagiert. Hatten sie bis vor einem Jahr noch eine erfüllte Sexualität, lässt diese nun zu wünschen übrig. Ute ist in den Wechseljahren – und das scheinbar nicht nur körperlich. Sie hinterfragt ihren Beruf, die Partnerschaft und sich selbst. Sie fühlt sich mit ihren 53 Jahren plötzlich gealtert und unattraktiv.

— Frank und Sibylle leben seit einem halben Jahr allein in ihrem großen Haus. Da die meiste Zeit ihrer Beziehung vom Elternsein geprägt war – der älteste Sohn ist heute 32 Jahre, die mittlere Tochter 28 und die jüngste 22 Jahre alt –, haben sie auf diese Zeit erwartungsfroh zugelebt.

Nachdem die anfängliche Freude über die neu gewonnene Freiheit verblasst war, trat eine beklemmende Leere ein. Manchmal graust es Sibylle richtig davor, nach dem Büro ins leere Haus zu kommen. Oft sitzt sie tatenlos in der Küche, hat keine Lust mehr zu kochen und verliert sich in Erinnerungen, während Frank in Aktionismus verfällt. Immer häufiger arbeitet er bis in den Abend hinein, was von Sybille kritisch beäugt wird. Oft sitzt sie wartend zu Hause und ist wütend, dass er sich so wenig Zeit für sie nimmt. War sie früher froh, nur eine Halbtagsstelle zu haben, fühlt sie sich heute unterfordert. Gedanken machen sich in ihr breit: Die Kinder haben sie ja jetzt gemeinsam groß gekriegt, was soll nun noch kommen? Was ist eigentlich darüber hinaus die Basis ihrer Beziehung? Was ist, wenn Frank eine andere Frau trifft? Würde sie gerne noch einmal einen anderen Mann kennenlernen?

Eigentlich geht es Frank nicht viel anders. Er fühlt sich seit dem Auszug der jüngsten Tochter manchmal schwermütig und sieht in allem keinen Sinn mehr. Kein Klavierspielen und Lachen der jungen Menschen mehr im Haus. Aber auch keine Konflikte mehr und weniger Gesprächsstoff mit Sibylle.

Besucht er seinen ältesten Sohn, spürt er fast ein bisschen Neid auf dessen Kraft und Enthusiasmus. Er dagegen fühlt sich mit seinen 63 Jahren zunehmend kraftloser – und seit einiger Zeit auch in seiner Männlichkeit eingeschränkt. Seine Beziehung zu Sibylle erlebt er auf dem Prüfstand. Er spürt ihre Erwartungen, ist genervt von ihren ständigen Fragen und fühlt sich kontrolliert. Manchmal schaudert ihm vor dem Altwerden, und er stellt sich immer wieder die Grundsatzfrage: »War das nun mein Leben?«

Was Frank und Sibylle gerade verstärkt erleben, nennt man das »Leere-Nest-Syndrom«. Über viele Jahre wird das Beziehungsleben von Eltern durch ihre Kinder geprägt. Diese geben vielen Partnerschaften oftmals ihren Halt und manchmal auch die einzige »Daseinsberechtigung«. Mit dem Auszug der Kinder tritt ein Paar in eine neue Phase des Beziehungslebens ein. Haben bis dato die Kinder den Rhythmus stark mitgeprägt, ist jetzt die Lebensgestaltung in die Freiheit des Paares bzw. des Einzelnen gelegt. Alles reduziert sich auf zwei Personen: Einkauf, Haushalt und schlussendlich auch die Gespräche. Sibylle und Frank erleben mit dem »Flüggewerden« ihrer jüngsten Tochter eine Sinn- und Alterskrise, die ihre Beziehung auf den Prüfstand stellt.

Auch Ute und Hans durchleben einen Abschied. Im Alter zwischen 50 und 60 Jahren kommt es bei Frau und Mann zu einem biologischen Wechsel, der häufig mit einer Identitäts- und Alterskrise einhergeht: die Menopause der Frau und die Andropause des Mannes. Besonders in den

Wechseljahren der Frau findet ein Rhythmusverlust statt, der tief ins Seelische eingreift. Bei der Frau, aber auch beim Mann geraten tragende Lebensrhythmen durcheinander, was Schlafstörungen, Hitzewallungen, eine Abnahme der Vitalität, häufig eine Schwächung der Libido und depressive Verstimmungen zur Folge haben kann.

Es wird Herbst in der Biografie, die individuellen, aber auch die Beziehungsfrüchte wollen eingefahren werden. In Zeiten der Verunsicherung kann ein Paar nun auf das zurückgreifen, was es sich im Lauf der Beziehung an Empathie, Vertrauen, Mitgefühl und Liebeskraft erarbeitet hat.

»Wechseljahre« bedeuten auch auf seelisch-geistiger Ebene einen Wechsel. Die Mann-Frau-Polarität wird ein Stück weit aufgehoben und gibt den Weg frei für die Ganzheit des Menschen.

Während Frauen – ist das Tal durchschritten – häufig entschlossener, selbstbewusster und dominanter werden, entwickeln Männer ein verstärktes Bedürfnis nach Nähe, Zärtlichkeit und Sinnlichkeit. Wissen beide Partner um die Symptome und den Sinn dieser Prozesse, bieten die Wechseljahre eine Chance für ein gereiftes Beziehungsleben (siehe auch das Kapitel ›Taschen und Reißverschlüsse in der Seele von Mann und Frau oder Warum Frauen und Männer so verschieden sind‹, Seite 165 ff.).

—— Für Hans und Ute, aber auch für Frank und Sibylle bedeutet dies, die Wandlungen bewusst zu leben. In einen gegenseitigen einfühlsamen Austausch über ihre Unsicherheiten, Ängste und ungelebten Potenziale zu kommen öffnet neue Türen zum Du. Und dann entstehen dabei vielleicht »geistige Kinder«!

Frank und Sibylle blicken bereits auf die Wechseljahre zurück. Sie müssen jetzt das Familienleben loslassen und ihrem Leben einen neuen Sinn geben. Dieser kann nicht nur im Partner liegen.

Um auf Spurensuche nach dem Neuen zu gehen, ist ein Blick in die eigene Biografie hilfreich.

Wem es dann gelingt, einmal ganz andere, ungewohnte Wege miteinander zu beschreiten, verleiht der Beziehung eine neue Qualität.

Fragen, die sich zu diesem Thema stellen können:

- Wie haben Sie Ihren ganz persönlichen Wechsel erlebt?
- Konnten Sie sich als Frau von Ihrem Mann verstanden und getragen fühlen? Konnten Sie sich als Mann von Ihrer Frau verstanden fühlen?
- Haben Sie als Mann Symptome des Wechseljahrealters bemerken können? Wie sind Sie damit umgegangen?
- Haben Sie mit Ihrer Partnerin über die Veränderungen sprechen können?
- Hat sich Ihre Sexualität verändert? Sind Sie miteinander im Gespräch darüber?
- Haben Sie eine Torschlusspanik empfunden?

- Ist es zu »Wechseln in der Partnerschaft«, zu einer Trennung gekommen?
- Wovon mussten Sie sich durch die Wechseljahre verabschieden? Welche Qualitäten sind neu in Ihr Leben gekommen?
- Haben Sie das »Leere-Nest-Syndrom« in Ihrer Partnerschaft erlebt? Oder wie war es für Sie, als Ihre Kinder auszogen?
- Was hat Sie in dieser Zeit getragen?
- Was sind Ihre Beziehungsfrüchte? Gibt es faule darunter, die Ihre Beziehung gefährden?
- Hat Ihre Partnerschaft einen Reifeprozess durchlaufen? Auf welche Weise?
- Wenn eine gute Fee käme und Ihnen einen Wunsch freistellen würde, was würden Sie sich für Ihre Partnerschaft zum jetzigen Zeitpunkt wünschen?

»Forever young« oder
Die Weisheit des Alters

Erika lässt die Henna-Packung einwirken, um die grauen Haare wieder in ein leuchtendes Rot zu verwandeln. Sie sieht mit ihren 72 Jahren noch richtig fit aus – das sagte ihr auch gestern eine Boutiquebesitzerin. Das gefällt ihr gut! Wolf schaut sie missbilligend an; ihm sieht sie zu knallig aus. Er kommt sich daneben wie ein »grauer Mäuserich« vor. Aber Erika weiß auch dagegen Abhilfe. Sie sucht ihm begeistert farbig abgestimmte Kleidung aus. Heute trägt er eine knallrote Cordhose und dazu einen lindgrünen Pullover, was auch ihn – trotz seiner schlohweißen Haare – jünger aussehen lässt. Das ist zwar so gar nicht sein Stil, aber wenn er sich weigert, beginnen endlose Diskussionen. So denkt er sich innerlich seinen Teil dazu, aber zufriedenstellend ist das auf Dauer nicht.

Gestern saßen sie im Rheincafé, und er verfolgte völlig vertieft den Schiffsverkehr, als Erika ihn plötzlich anfuhr: »Du redest auch nur noch übers Fernsehprogramm! Mit dir hier zu sitzen ist kein Vergnügen.«

Das kam so unvermittelt, dass er gar nichts dazu sagen konnte, was sie nur noch gereizter werden ließ.

Sie ist ohnehin ständig unzufrieden mit ihm: Er redet nicht genug, rasiert sich nicht ordentlich, trägt seine Hemden zu lange. Am schönsten waren die zwei Jahre, als Wolf, bedingt durch seinen früheren Ruhestand, den ganzen Tag für sich hatte. Das hat sich mit Erikas Pensionierung schlagartig geändert. Sie war als Filialleiterin tätig und hatte immer Mitarbeiter zu führen. Ja, und dann war sie plötzlich ohne Rudel. Seitdem ist Wolf ihrer »Führung« ausgeliefert. Er war noch nie das »Alpha-Tier« in der Beziehung, sodass er auch jetzt wenig dagegenzusetzen hat.

Erika fühlt sich nicht ausgelastet und leidet unter dem Altwerden, was sie mit häufigem Shopping zu kompensieren versucht. Eigentlich ringt sie mit tiefen Sinnfragen, findet aber in Wolf keinen Gesprächspartner, denn er brütet alles für sich aus. Was ist bloß seit der Pensionierung aus ihnen geworden?

___ Rosa und Jürgen, 75 und 78 Jahre alt, sitzen auf der Veranda und lesen sich gegenseitig aus dem Evangelium vor. Beide sind trotz ihres Alters noch in der Kirche aktiv. Zwar ist es Rosa, die an den Gemeindeabenden manchmal kleine Vorträge hält, aber eigentlich sind diese die Frucht ihrer gemeinsamen Gespräche, sodass Jürgen sich daran beteiligt fühlt.

Rosa war mit Beginn ihres Ruhestandes endlich zu dem gekommen, wovon sie schon lange geträumt hatte: Sie filzt aus der schönsten farbigen Wolle Taschen, Sitzkissen und Tiere, die besonders von ihren Enkelkindern geliebt werden. Jürgen hat ihr extra ein Filzzimmer eingerichtet. Er unterstützt diese Arbeit gerne und erfreut sich an Rosas Zufriedenheit, auch wenn ihr die beginnende Arthrose in den Händen zu schaffen macht.

Manchmal beneidet Jürgen sie, denn er fühlt sich inzwischen körperlich sehr eingeschränkt. Durch seinen Beruf – er war

Gärtner –, der ihm starken körperlichen Einsatz abverlangte, hat er ein Rückenleiden, das ihm große Schmerzen bereitet. Dennoch lässt er sich nicht davon abhalten, täglich ein bisschen Hand im Garten anzulegen. Das gehört einfach zu seinen Gewohnheiten und tut ihm gut. Außerdem vertreibt die Natur schlechte Gedanken! Deshalb freuen sich Rosa und Jürgen auch jeden Abend auf ihre kleine »Abendrunde« – und wenn es nur zehn Minuten sind.

Während Rosa mit dem Filzen beschäftigt ist, studiert Jürgen in seiner Enzyklopädie die schönsten Schmetterlingsarten. Das hält ihn gedanklich beweglich und lenkt ihn von seinen Schmerzen ab. Die beiden sind zufrieden und fühlen sich miteinander verbunden. Manchmal sprechen sie etwas bange über die Frage: Wie lange noch werden wir unseren Weg zusammen gehen können? Was wird dann kommen?

Erika und Wolf ringen seit Jahren als Paar mit den Konsequenzen ihres Altersruhestands, welcher bekanntlich gerne auch als »Un-Ruhezustand« bezeichnet wird. Für die meisten Menschen hat das Berufsleben eine entscheidende Rolle gespielt. Durch den Beruf erfährt der Mensch einen Wechsel von Arbeit und Freizeit, Wochenende und Urlaub. Viele soziale Kontakte sind durch die Arbeit zustande gekommen. Und plötzlich gibt es nur noch »freie Zeit«, und der Partner ist ständig zu Hause.

Mit dem Ruhestand muss das Leben bewusst rhythmisch gestaltet und Freundschaften müssen gepflegt werden. Standen während der Berufstätigkeit Kontakt und Abwesenheit noch in einer gewissen Ausgewogenheit, müssen

Paare jetzt eine neue Alltagsgestaltung finden, die gegenseitige »Frei-Räume« einschließt. Innerlich und äußerlich kann dieser Übergang nach einer ersten Phase der Euphorie über die neu errungene Freiheit in eine tiefe Alterskrise münden: »Jetzt bin ich alt. Ich bin nicht mehr gefragt«, sind Sätze, die von Menschen in dieser Lebenssituation oft ausgesprochen werden.

Nicht selten wird diesem Lebensgefühl eine neue »Jugendlichkeit« durch einen betont modernen Kleidungsstil entgegengesetzt, die das äußere Erscheinungsbild des älter werdenden Menschen verzerrt und Vitalität vortäuscht. Der Krise wird dann nur äußerlich begegnet.

Aber diese Lebensphase kann auch neue innere Türen öffnen.

___ Erika ringt eigentlich mit der Frage ihrer Wertigkeit. Sie fühlt sich, auch wenn Wolf und sie gerne reisen, nicht ausgelastet. Erst als sie auf einer Kreuzfahrt Anni kennengelernt hat, die seit Jahren ehrenamtlich im Heim für Demenzkranke arbeitet, ist bei ihr der Knoten geplatzt. Sie entschließt sich, eine Fortbildung in der Begleitung demenzkranker Menschen zu machen.

Auch bei Wolf hat ihre Veränderung eine unmittelbare Wirkung ausgelöst: Er ist interessiert an Erikas neuem Wissen – ist sie nicht da, liest er in ihren Fachbüchern, denn das ist ein Thema, über das er wirklich mehr erfahren möchte, auch wenn es ihm ein wenig Angst macht. Aber für alle Fälle ist Erika dann ja ausgebildet!

Rosa und Jürgen haben schon lange ihren Rhythmus gefunden und sind beständig im Austausch miteinander. Dadurch konnten sie sich auch ihre Ängste vor dem Alleinsein mitteilen und haben sich entschlossen, eine Patientenverfügung und ein Testament zu machen. Sie haben genau festgelegt, was sie sich im Fall einer schweren Krankheit und des Todes vom anderen wünschen. Das gibt ihnen Sicherheit für den letzten Lebensabschnitt, dessen Ende hoffentlich noch lange auf sich warten lässt.

Fragen, die Sie sich zu dieser Phase stellen können:

• Wie ist es Ihnen mit dem Übergang in den Ruhestand ergangen? Konnten Sie loslassen?

• Sind Sie zeitgleich mit Ihrem Partner (falls vorhanden) in den Ruhestand gegangen? Wie haben Sie das bewältigt?

• Haben Sie eine Alterskrise oder existenzielle Krise erlebt?

• Was haben Sie an sich selbst und an Ihrem Partner schätzen gelernt?

• Haben Sie einen eigenen, nicht mehr fremdbestimmten Rhythmus gefunden?

• Haben Sie gemeinsame Interessen, die Sie pflegen?

• Haben Sie noch einmal eine neue Aufgabe (zum Beispiel ein Ehrenamt) gefunden?

• Können Sie die Veränderungen des Alters an sich selbst und an Ihrem Partner akzeptieren?

- Neigen Sie dazu, Ihren Partner zu gängeln oder sich gängeln zu lassen?
- Schlafen Sie in einem gemeinsamen Raum oder hat jeder sein eigenes Reich bezogen?
- Pflegen Sie eine Gesprächs- und Konfliktkultur?
- Was bedeutet Ihnen Ihr Partner?
- Wofür können Sie in Ihrer Beziehung dankbar sein?
- Haben Sie körperliche Nähe? Fühlen Sie sich noch sexuell zu Ihrem Partner hingezogen?
- Fühlen Sie eine seelische Nähe zu Ihrem Partner?
- Wie gehen Sie mit Krankheit und Gebrechlichkeit um?
- Verstehen Sie noch alles oder müssen Sie oft nachfragen? Beklagen Sie sich über undeutliches Sprechen?
- Leidet das Gespräch mit Ihrem Partner unter schlechtem Verstehen?
- Entdecken Sie zunehmende Vergesslichkeit? Was tun Sie dagegen? Wie geht Ihr Partner damit um?
- Sind Sie auf das Zuhause, einen Rollstuhl oder die Hilfe Ihres Partners bzw. fremde Hilfe angewiesen?
- Wie gehen Sie mit Ihnen nahestehenden Menschen um?
- Neigen Sie zu Nörgeleien und Negativismus oder gelingt Ihnen eine positive Haltung dem Leben und anderen Menschen gegenüber?
- Haben Sie Milde den Schwächen Ihres Partners gegenüber entwickelt oder möchten Sie ihn noch immer verändern?

- Empfinden Sie Ihrem Leben gegenüber so etwas wie Dankbarkeit?
- Besuchen Sie Lesekreise oder Kunstausstellungen oder musizieren Sie mit anderen Menschen?
- Wie pflegen Sie Religion und Spiritualität? Oder sind Sie Atheist?
- Haben Sie Ihren Hausstand reduziert, Ihre Papiere geordnet?
- Leben Sie im Augenblick oder vorwiegend in der Vergangenheit?
- Beschäftigen Sie sich mit Ihrer Zukunft? Haben Sie Angst vor Krankheit und dem Sterben?
- Was bedeutet der Tod für Sie? Glauben Sie an ein Leben nach dem Tod?
- Wenn Sie wüssten, Sie haben noch ein Jahr zu leben, was würden Sie in diesem Jahr noch leben wollen?
- Wenn Sie wüssten, Ihr Partner hätte nur noch kurze Zeit zu leben, was würden Sie ihm sagen wollen? Was würden Sie mit ihm tun wollen?

Entschließungen für das Alter
(nach Jonathan Swift)[12]

- Keine jungen Gefährten an mich fesseln, wenn sie es nicht wirklich wünschen.
- Nicht launisch, mürrisch oder misstrauisch werden.
- Nicht die jeweilige Lebensweise, Denkart, Mode oder anderes geringschätzen.

- Nicht immer die gleiche Geschichte den gleichen Leuten erzählen.
- Nicht habgierig werden.
- Schicklichkeit und Sauberkeit nicht vernachlässigen.
- Mit jungen Menschen nicht überstreng sein, sondern für ihre jugendlichen Torheiten und Schwächen Verständnis zeigen.
- Nicht freigebig mit gutem Rat sein und niemanden damit belästigen; es sei denn, man wünsche ihn.
- Einige gute Freunde bitten, mich ins Bild zu setzen, welche von diesen Vorsätzen ich breche oder vernachlässige, und mir zu sagen, in welcher Weise ich dagegen verstoße, und mich demgemäß bessern.
- Nicht so viel reden, erst recht nicht von mir selbst.
- Nicht mit meinem früheren guten Aussehen, meiner Kraft oder meinem Erfolg prahlen.
- Weder auf Schmeicheleien hören noch mir einbilden, ich könne von einer jungen Frau geliebt werden.
- Nicht rechthaberisch und starrköpfig sein.
- Nicht aufhören, allen diesen Regeln nachzuleben, aus der Befürchtung, es könne mir unmöglich werden, sie zu befolgen.

Das Licht am Ende des Weges

___

___ Es klingelt Sturm, doch keines der beiden Kinder reagiert
– also öffnet Inga etwas genervt die Haustür. Vor ihr stehen
zwei Polizisten in Zivil. Sie zeigen dezent ihre Dienstplakette.
»Dürfen wir kurz eintreten?«, fragt einer der beiden mit ge-
dämpfter Stimme.

Inga spürt Ohrensausen, fühlt ihr Herz bis zum Hals schla-
gen. Ein sekundenschnelles Gedankenkarussell beginnt sich
zu drehen. »Ihr Mann ist …«

Weiter kommt der Polizist nicht, denn aus Inga bricht ein lau-
tes »NEEINN!« heraus. Sie schluchzt laut auf, schaut die Be-
amten mit weit aufgerissenen Augen flehend an.

»Ihr Mann ist auf der Autobahn tödlich verunglückt.« Der Polizist spricht die schmerzvolle Wahrheit aus. »Können wir ir-
gendetwas für Sie tun?«

Sven und Lea sind unbemerkt ins Wohnzimmer gekommen.
Blass und eingeschüchtert vom lauten Weinen der Mutter
nehmen sie sie hilflos in den Arm.

Es folgen Tage des Schmerzes, an denen sich bei Inga neben der tiefen Trauer innere Lähmung, Verzweiflung bis hin zu
Wut und Schuld breitmachen. »Warum bin ich nicht mitgefah-
ren? Er hatte mich dieses Mal darum gebeten! Dann wäre der
Unfall nicht passiert!«

Die Kinder ziehen sich in den nächsten Tagen meist in ihre
Zimmer zurück, sind sich gegenseitig Trost und versuchen,

den Schmerz ihrer Mutter zu lindern. Am schlimmsten sind die ganzen Formalitäten, die Vorbereitung der Beerdigung und die Aufbahrung kurz zuvor. Der Moment des letzten Abschieds im Bestattungshaus scheint allen den Boden unter den Füßen wegzureißen, wären da nicht die Familie und der enge Freundeskreis, die sich besonders der Kinder annehmen.

Inga fühlt sich von ihrem Claus verlassen. Sie hat Angst vor der Zukunft, kann nicht mehr schlafen und leidet unter nächtlichen Panikattacken. Bis sie eines Nachts aus einem tiefen Traum erwacht: Claus erscheint ihr lichtvoll wie aus einem Nebelschleier heraus und kommt langsam auf sie zu. Sie liegt im Bett und fühlt seine Nähe so hell und warm um sich, dass sie ganz ruhig wird und einen Frieden in sich fühlt, den sie in den kommenden schweren Monaten immer wieder spüren kann. Sie fühlt sich, besonders wenn es um die Kinder geht, wie im Gespräch mit Claus.

—— Marita hat in den letzten zwei Jahren eine wahre Odyssee hinter sich gebracht. Mit ihrer Krebsdiagnose waren Operationen, Chemotherapien und Bestrahlungen verbunden, die sie zunehmend geschwächt haben. War es am Anfang noch Hoffnung auf Heilung, ist es jetzt ein Kampf um jeden Tag, an dem sie noch weiterleben darf.

Frank ist ihr trotz eigener Gebrechen in all diesen Monaten ein rührender Lebensgefährte gewesen. Oft spricht sie in letzter Zeit vom Hospiz. Wenn sie vor Schmerzen schreiend in sein hilfloses Gesicht blicken muss, möchte sie ihn von sich befreien, ihn entlasten! Doch Frank bleibt hartnäckig: »Du stirbst zu

Hause.« Da gibt es für ihn gar keine zwei Meinungen. Er hat ein Netzwerk bestehend aus dem Pflegedienst, ihren zwei Töchtern und drei besten Freundinnen organisiert, die ihn in der Sterbebegleitung unterstützen.

War es vor ein paar Monaten noch völlig unmöglich, über das Thema Sterben zu sprechen, gehört es heute zum täglichen Gespräch des Paares. Besonders in der Nacht, wenn Marita nicht schlafen kann, sind sie sich nahe. Frank klappt dann die Seite des Pflegebettes herunter und legt sich neben sie, liest ihr vor oder hält sie einfach nur im Arm, soweit die Schmerzen es zulassen. Bewusst genießen sie die letzten Augenblicke körperlicher Nähe und des gedanklichen Austausches. Doch zunehmend scheint sich Marita von ihm zurückzuziehen, manchmal wird sie sogar schroff und ungerecht ihm gegenüber, was ihn verunsichert und schmerzt, denn er gibt ja sein Bestes.

Einen Tag vor ihrem Tod ist sie fast schmerzfrei und ganz wach. Sie erzählt ihm aus der Nacht, dass sie davon geträumt habe, fliegen zu können. Sie hätte sich ganz leicht und mächtig von einem großen Licht angezogen gefühlt.

Frank wacht in der folgenden Nacht an ihrem Bett, spielt noch einmal leise für sie mit seinen arthritischen Fingern auf seiner Gitarre das alte Wiegenlied ihrer Kinder: »Schlaf, Marita, schlafe ein, bald kommt die Nacht ...«, leise laufen ihm die Tränen über die Wangen. Dankbar und glücklich blickt er auf die gemeinsamen Jahre mit ihr zurück.

Ein plötzlicher Tod, sei es durch Unfall oder Suizid, beendet eine Beziehung oft auf besonders schmerzliche Weise und hinterlässt Spuren im Lebensgefüge eines Menschen. Inga erlebt einen Schock, als sie vom Unfalltod ihres Mannes hört, der ihr den Boden unter den Füßen wegzieht. Sie durchlebt schlimmste Phasen, die sie vor Verzweiflung an den Rand des eigenen Lebens bringen. Sie schläft nicht mehr, fühlt sich durch Panikattacken geschwächt und verunsichert, und vor allen Dingen fühlt sie sich verlassen von Claus. Bis er ihr eines Nachts im Traum erscheint und ihr auf andere Weise als früher für lange Zeit Trost und Kraft spendet.

Ganz anders erleben es Marita und Frank. Die schwere Krankheit und die Auseinandersetzung mit dem bevorstehenden Tod gibt ihnen die Möglichkeit, miteinander einen Lebens- und Beziehungsrückblick zu vollziehen. Aber auch sie durchleben Phasen des Abschieds, die vom Nicht-wahrhaben-Wollen der Endlichkeit ihrer Beziehung bis zu Angst, Hadern mit dem Schicksal und dem Gefühl der Hilflosigkeit reichen. Doch es scheint, als ob ihnen von anderer Seite eine Hilfe entgegenkommt: Maritas nächtliches Erlebnis der Leichtigkeit und das »Angezogenfühlen vom Licht« gibt Frank Gewissheit, dass sie bereit ist, in eine andere Welt umzuziehen, ihren »Schmetterlingsflug« anzutreten, wie es die Sterbeforscherin Elisabeth Kübler-Ross nennt.[13] Frank wacht in dieser Nacht an ihrem Bett und darf dabei sein, als sie nach heftigem Ringen für immer ihre Augen schließt.

Einem alten Wissen folgend, dass die Seele drei Tage braucht, um ihren Körper zu verlassen, bleibt Marita im

Kreise ihrer Familie aufgebahrt. Trotz aller Trauer lebt ein großer Frieden um sie. Immer wieder sitzt Frank im Kerzenschein an der Seite seiner verstorbenen Frau und fühlt mit innerer Gewissheit, dass zwar ihre irdische Beziehung zu Ende gegangen ist, dass aber eine neue Verbindung, ein geistiges Band, bereits geknüpft wurde.

Sterben und Tod sind heute zum großen Teil ausgegliedert aus der Gesellschaft. Es hat eine Entfremdung dem Tod gegenüber stattgefunden. Während in den Medien selbstverständlich mit Bildern vom Töten und getöteten oder in Not geratenen Menschen umgegangen wird, löst der wirkliche Tod oder auch eine schwere Krankheit Unsicherheit, Angst und Hilflosigkeit aus. Sterben findet heute entseelt und in der Maschinerie von Kliniken statt.

In gewisser Weise ist der Tod wie auch die Geburt immer mehr entweiht worden. Immer weniger Menschen haben noch einen religiösen, spirituellen Zugang. Damit haben sie auch die Wurzeln ihres Geistes verloren. Früher wusste man noch davon, dass die Seele drei Tage braucht, um ihr Haus, den Körper, zu verlassen, und bahrte deshalb die Toten zu Hause auf. Stirbt heute ein Mensch zu Hause oder in der Klinik, wird er kurze Zeit später vom Bestattungsinstitut oder dem Klinikpersonal abgeholt und »auf Eis gelegt«. Die Angehörigen können dann bei Bedarf den Verstorbenen noch einmal sehen, aber unter welchen Umständen! Doch sollen auch die vielen Gründungen von Hospizinitiativen sowie die zunehmend sensibleren Bestattungsunternehmer an dieser Stelle unbedingt erwähnt werden. Dennoch benötigen wir heute eine Sterbekulturbewegung, die dem Menschen die Möglichkeit gibt, sich als ein Wesen mit Körper, Seele und Geist zu empfinden oder jedenfalls suchen zu dürfen.

Die Geistesforschung ist auf diesem Gebiet heute weit fortgeschritten. Dass es mit den »drei Tagen nach dem Tod« eine besondere Bewandtnis hat, ist dort eine Selbstverständlichkeit. Die Sterbeforscherin Elisabeth Kübler-Ross spricht von Krisenstufen in den Sterbeprozessen,[14] wie sie auch bereits im Zusammenhang mit Lebenskrisen wie zum Beispiel Trennungen erwähnt wurden (siehe Seite 84 ff.). Sie gelten eben auch für die letzte große Krise im Leben.

Die letzte Metamorphose im Leben findet kurz vor dem Tod statt, dann, wenn die Seele ihr Haus verlassen möchte. Im Beispiel von Marita haben wir von ihrem Flugtraum hinein in eine andere Sphäre erfahren können, der Frank auf ihren allmählichen Umzug in die geistige Welt hinweisen konnte und ihm die Kraft und Klarheit gab, in der folgenden Nacht an ihrem Sterbebett zu wachen. Seiner Intuition folgend konnte er so seine Frau auf ihrem letzten Reiseabschnitt begleiten.

Von solchen Erfahrungen spricht auch Elisabeth Kübler-Ross, die Tausende von Sterbenden begleitet hat. Sie erwähnt immer wieder den Schmetterling als Sinnbild für den Vorgang des Sterbens.[15] Er verlässt seine Verpuppung, um mit dem Ende seiner früheren Daseinsform dem Licht entgegenzufliegen.

Oft erscheint den Sterbenden bereits vor dem Tod eine Lichtgestalt. Der Engel steht bereit, um ihn an die Hand zu nehmen und auf seiner großen Reise der Sonne entgegen zu begleiten.

Leider sprengt es den Rahmen dieses Buches, den Weg des

nachtodlichen Lebens aufzuzeichnen. Wer für sich davon ausgehen kann, dass es ein Leben nach dem Tod gibt, findet diesen Weg aber in der Literatur beschrieben.[16]

Folgende Fragen mögen eine Anregung sein, sich mit dem Thema Leben und Tod intensiver auseinanderzusetzen:

- Erinnert Sie das Thema Trauer an einen Verlust in Ihrem Leben?
- Wann wurden Sie das erste Mal mit dem Tod konfrontiert und auf welche Weise?
- Konnten Sie Menschen in ihrem Sterben erleben?
- Sind für Sie wichtige Menschen früh gestorben?
- Welche Sterbe- und Todesrituale konnten Sie erleben?
- Was wurde Ihnen in Ihrer Familie im Umgang mit dem Tod vorgelebt?
- Fällt es Ihnen leicht zu trauern, zu weinen?
- Haben Sie Menschen aufgebahrt gesehen?
- Gibt es innere Bilder vom Tod aus Ihrer Kindheit?
- Wie hat sich dieser Umgang mit dem Tod im Laufe des Erwachsenenalters verändern können?
- Können Sie die Trauer anderer Menschen aushalten?
- Haben Sie heute Angst vor dem Tod?
- Haben Sie selbst bereits ein Nahtoderlebnis gehabt?
- Sind Sie religiös, spirituell oder atheistisch erzogen?
- Welche Bedeutung hat der Tod heute für Sie?

- Haben Sie mit Ihrem Partner Fragen um Sterben und Tod bewegt? Haben Sie gegenseitige Vorsorge getroffen?
- Was wünschen Sie sich an Ihrem Lebensende von Ihrem Partner?
- Glauben Sie an ein Weiterleben nach dem Tod?
- Wie möchten Sie selbst im Falle einer schweren Krankheit begleitet werden?
- Möchten Sie zu Hause oder lieber in einem Hospiz gepflegt werden?
- Wie würden Sie gerne sterben? Auf welche Weise?
- Möchten Sie im Falle einer Notversorgung, dass die lebenserhaltenden Geräte abgestellt werden?
- Möchten Sie Ihre Organe für andere Menschen zur Verfügung stellen?
- Möchten Sie aufgebahrt werden, damit Freunde und Verwandte Abschied von Ihnen nehmen können?
- Wie und an welchem Ort möchten Sie bestattet werden?
- Wer soll die Trauerrede für Sie halten?
- Wie sollte die Trauerfeier von Ihrer Familie und Ihren Freunden gestaltet werden?
- Haben Sie Vorkehrungen mit den letzten Wünschen für Ihren Todesfall getroffen?
- Haben Sie ein Testament gemacht?
- Wenn Sie sich vorstellen, Sie hätten nur noch ein Jahr zu leben, was hätte Priorität in Ihrem Leben?
- Wen würden Sie gerne noch einmal treffen?
- Was wäre offen in Ihrer Biografie?

- Was würden Sie gerne noch zu Lebzeiten klären?
- Welche Musik, welches Gedicht, welcher Psalm könnte für Sie von Bedeutung sein?
- Welchen Menschen würden Sie gerne am Ende Ihres Lebens Dank aussprechen?

Schicksal und Freiheit in einer Partnerschaft

Ich möchte an dieser Stelle der Frage nach dem Schicksal oder Karma in Beziehungen ein wenig Raum geben, denn mehr und mehr lebt in uns Menschen heute ein leises Bewusstsein für karmische Zusammenhänge.

Menschen fühlen sich stark zueinander hingezogen und spüren den tieferen Gehalt ihrer Begegnung. Besonders in der Lebensmitte treffen wir häufig auf Menschen, mit denen wir in einem anderen Leben vielleicht bereits ein Stück des Weges gegangen sind. Oft sind es Verbindungen, die in einer anderen Inkarnation in der ersten Lebenshälfte ihre Anknüpfung hatten. Nicht selten hört man dann im Zusammenhang einer Trennung, die durch eine solche Begegnung ausgelöst wurde: »Das ist eine schicksalhafte Begegnung, die möchte ich jetzt leben! Es fühlt sich wie verabredet an!«

Meine Umwelt, in die ich durch eine neue Verkörperung hineingeboren werde, bringt mir die Ergebnisse meiner Taten aus dem vorherigen Leben als mein Schicksal entgegen. Ich trete in mein Leben hinein und bringe sozusagen die Bedingungen in diesem Leben bereits aus dem Vorgeburtlichen mit. Also bringe ich auch eine gewisse Notwendigkeit mit, bestimmten Menschen in meinem Leben zu begegnen.[17]

Rudolf Steiner nennt aus seiner geisteswissenschaftlichen Schau heraus die ersten 21 Jahre des Lebens die Jahre der karmischen Forderungen.[18] Ich bin hineingeboren in eine bestimmte Familie in diesem Land mit dieser Sprache usw. Ich kann beschenkt oder besonders herausgefordert werden in meiner Ursprungsfamilie und werde somit Lebensthemen haben, die ich im Folgenden als Erwachsener zu bearbeiten und zu verwandeln habe, um eine Individualität unabhängig von dieser Familie zu werden. Die Erfahrungen in der Kindheit bilden »meinen Rucksack« für mein weiteres Leben. Mit ihm gehe ich mit meinen Prägungen in die Welt hinein und habe die Aufgabe, seinen Inhalt mit meinem Ich, mit meiner Persönlichkeit umzugestalten, mir ganz individuell zu eigen zu machen.

Ab der Pubertät kommt es zunehmend zu ganz eigenständigen Begegnungen, die eine andere Handschrift tragen als vorher. Jetzt strahlt gewissermaßen durch Impulse von außen die Zukunft bereits in die Biografie herein. Verfolgt man sein Leben einmal aufgrund dieser Fragestellung rückwärts und schaut, wie man genau durch diese und jene Umstände an einen bestimmten Ort gekommen ist, dort einen bestimmten Menschen getroffen hat, der dann vielleicht später der Vater des Kindes geworden ist, aber dennoch nicht der »Mann fürs Leben« blieb, lässt sich eine tiefe Sinnhaftigkeit erahnen. Wir kommen aus einer karmischen Notwendigkeit zueinander, haben aber als Menschen des 21. Jahrhunderts heute die Freiheit in der Beziehungswahl und Beziehungsgestaltung. Wir haben heute über Jahrtausende hinweg durch verschiedenste Inkarnationen viel Karma angesammelt und kommen vielleicht gerade dadurch zu den entsprechenden »karmischen Begegnungen« an den verschiedensten Orten.

In der Zeit zwischen 14 und 35 Jahren haben wir häufig biografisch die intensivste Entwicklungszeit, in der wir uns, impulsiert durch »karmische Orte und Begegnungen«, immer mehr unserem weisheitsvollen, wenn auch meist vorerst unbewussten Lebensziel annähern.

Um das 35. Lebensjahr sprechen wir in der Biografiearbeit von der Midlife-Krise. Jetzt zieht sich die Seele immer mehr in sich selbst zurück, ähnlich einer Raupe, die sich in einen Kokon einspinnt, um dann in den Vierzigern den Schmetterlingsflug in die Freiheit anzutreten. Nicht selten kommt es gerade in dieser Zeit (zwischen 35 und 42 Jahren) zu tiefen Lebensfragen und großen Umbrüchen in einer Biografie.

Folgende Fragen werden oft vor allem von Menschen zwischen 35 und 42 Jahren bewegt:

- Will ich so wie bisher weiterleben?
- Ist dieser Partner/diese Partnerin mein »Lebensgefährte«?
- Will ich immer alleine leben oder traue ich mich, wieder eine neue Beziehung einzugehen?
- Will ich an diesem Ort bleiben?
- Will ich diesen Beruf bis zu meiner Pensionierung ausführen?

Diese und ähnliche Fragen können zu ernsthaften Lebenskrisen führen, die einer tiefen Sehnsucht nach »karmischer

Erfüllung«[19] entspringen. Wir bekommen von unserem höheren Ich manchmal viel zugemutet, um uns in Freiheit für den einen oder anderen Menschen oder Weg zu entscheiden. Der Schwerpunkt liegt heute auf der Freiheit, da wir im sogenannten Zeitalter der Bewusstseinsseele leben, in welchem sich die Menschen vor allem stark in Richtung des Individualismus entwickeln.[20] Damit ist auch verbunden, dass jeder Mensch heute in seinem Innern auf sich alleine gestellt ist und manchmal so lange um etwas ringen muss, bis es sich in ihm klar und eindeutig anfühlt. Dieser Zeitraum der Sehnsucht nach »karmischer Erfüllung« wird besonders in den dreißiger und vierziger Jahren in der Biografie deutlich, wobei das innere Suchen und Streben aber auch lange darüber hinaus wirksam sein kann.

Seine Biografie einmal unter solchen Gesetzmäßigkeiten, vielleicht nur unter dem Gesichtspunkt der Begegnungen, zu betrachten, schenkt Verständnis und Erhellung im Sinne von Bewusstseinsentwicklung. »Man sollte das Wort ›Partnerprobleme‹ durch ›Karmaprobleme‹ oder ›zwischenmenschliche Probleme‹ ersetzen. Man hat mit bestimmten Menschen Probleme, und manchen Partner heiratet man vielleicht nur deshalb mit allen Tricks – sei es, dass ein Kind kommt, oder aus Mitleid –, damit man sich zwingt, mit diesem Menschen eine Wegstrecke zu gehen und vergangenes Karma abzuarbeiten. Die Erfüllung einer solchen Beziehung ist dann, dass man sich eines Tages in Würde trennt und weiß: ›Wenn wir uns wiedersehen, dann ist alles gut.‹ So etwas gibt es eben auch, und dann ist erst die zweite Ehe die eigentliche.«[21]

Wer diesen Gedanken für sich zulassen kann und darüber

hinaus noch denken mag, dass Konflikte mit meinem Partner auf verborgene Weise, aber trotzdem direkt im Alltag spürbar auch mit mir zu tun haben können, erreicht eine neue Dimension des Konfliktverständnisses. Vieles, was in mir an sympathischen oder antipathischen Gefühlen aufsteigt, kann ein Spiegelbild von dem sein, was sich im Vorgeburtlichen zur Aufarbeitung meiner letzten und zur Vorbereitung meiner jetzt stattfindenden Inkarnation mit diesem Menschen ereignet hat.

Steiner betont in dem Vortrag *Wie kann die seelische Not der Gegenwart überwunden werden?*, dass wir es gerade heute durch die verschiedenen Inkarnationen, die wir bereits miteinander erlebten, so schwer miteinander haben.[22] Denn es steigen immer wieder »unverdaute Überreste« aus diesen Inkarnationen in uns auf, die für Konflikte in den Beziehungen sorgen. Hier müssen wir uns dann sozusagen zueinander durcharbeiten, um nicht lauter »Schattenehen« oder »Doppelgängerbeziehungen« zu führen. Denn die Auseinandersetzung in Beziehungen findet heute auf einem Feld mit zwei gleichwertigen Partnern statt, von Ich zu Ich. Die Beziehung ist ein Zentrum der Ich-Kraft. Geht diese Ich-Kraft durch Schwächungen und Irritationen verloren, entsteht ein Ungleichgewicht, das ausgelotet werden muss. Gelingt dies nicht und entsteht ein »vergiftetes Feld«, das den Kindern oder den Partnern schadet, schaffe ich aller Wahrscheinlichkeit nach neues Karma und lade etwas für die Zukunft auf mich.

Das kann dann ein Weg sein, der dahin führt, dass man merkt: Ich finde keine Kraft mehr, diese Beziehung für mich sinnvoll zu gestalten, und entscheide mich zu gehen.

Ich nehme an, dass ich diesem Partner in anderer Weise unter hoffentlich günstigeren Bedingungen wieder begegnen werde. Oder aber ich harre in einer Beziehung aus und werde krank an den ungesunden Lebensumständen. Dann richtet sich eine »Unterlassung« gegen mich selbst und hat eben auch ihre Auswirkungen für die Zukunft.

Bezogen auf das oben Gesagte und die Begegnungen in einer neuen Partnerschaft oder mit weiteren Menschen in einer Patchworkfamilie, in der ja tiefe neue Beziehungen stattfinden können, verwendet Steiner in seinem Vortrag *Wie Karma wirkt* ein sehr schönes Bild: »Wenn ich ein Streichholz anzünde, so entsteht das Feuer nach notwendigen Gesetzen; aber ich habe erst diese notwendigen Gesetze in Wirksamkeit versetzt. Ebenso kann ich eine Handlung nur vollziehen im Sinne der notwendigen Gesetze meines Karma; aber ich bin es, der diese notwendigen Gesetze in Wirksamkeit versetzt. Und durch die von mir ausgehende Tat wird neues Karma geschaffen, wie das Feuer nach notwendigen Naturgesetzen weiter wirkt, nachdem ich es angezündet habe [...] Dass unser Schicksal, unser Karma in Form einer unbedingten Notwendigkeit an uns herantritt, ist kein Hindernis unserer Freiheit.«[23]

Ist vielleicht eine neue Gemeinschaft in einer Patchworkfamilie der Holzstoß, und die neuen Partner zünden mit dem Ich – dem Streichholz – diesen Holzstoß an? Durch ihre verbindende, aber freie Tat stellen sie sich zur Verfügung im Sinne des Weiterwirkens nach den notwendigen Gesetzen des Feuers. So kann sich innerhalb neuer Familien- oder Beziehungsgemeinschaften neues Karma bilden.

Hierzu lassen sich dann Fragen stellen wie:

- Welche Umstände haben mich hierher geführt?
- Zu wem in der Patchworkfamilie erlebe ich welche Beziehungsqualität?
- Wie bin ich auf meinen neuen Partner aufmerksam geworden?
- Welche Aufgaben stehen für die Zukunft für uns an?

Beziehungspflege als Grundlage einer Partnerschaft

> Der Mensch bringt täglich sein Haar in Ordnung,
> das er höchstens bis zum Tode trägt; warum ordnet
> er nicht auch täglich sein Herz, das alles Glück und
> alle Qual auch der späteren Leben erzeugt?
>
> Indische Weisheit

Hier sei dem Begriff »pflegen« einen Moment lang Aufmerksamkeit verliehen: Ich kann meine Beziehung und meinen Haushalt auf unterschiedliche Weise versorgen. So wie ich mein Haus putze und ordne, kann ich auch eine Partnerschaft »putzen«. Das heißt, wir können gemeinsam über die Freuden und Sorgen der Kinder, des Berufs und der häuslichen Umstände sprechen, gemeinsam die Einkommenssteuererklärung machen, mit den Kindern spazieren gehen und vieles andere mehr. Das kann zwar, muss aber noch keine Beziehungspflege bedeuten. Genauso wie im Haushalt Putzen nicht gleich Pflegen ist. Denn Pflegen hat immer etwas mit seelischem Einsatz zu tun. Ich verbinde mich mit einer Sache oder einem Menschen anders, wenn ich mich liebevoll mit Bewusstsein zu ihr bzw. ihm hinwende, im Gegensatz zum »automatischen Tun«.

Für die Beziehungspflege ist es wichtig, dass ich mir der verschiedenen Bereiche innerhalb einer Partnerschaft bewusst werde. Da wir als Menschen Wesen mit Körper,

Seele und Geist sind, ergibt sich daraus doch die Frage, ob nicht auch diese drei Ebenen innerhalb einer Beziehung eine unterschiedliche Aufmerksamkeit im Sinne von Pflege benötigen.

Die Leib- und Lebensgemeinschaft

Eine Leibgemeinschaft wächst durch die räumliche Nähe und ist die Voraussetzung für die Entwicklung einer Lebensgemeinschaft.

Man teilt sich einen gemeinsamen Wohnraum, und ein geläufiger Ausspruch besagt, dass man »Tisch und Bett« miteinander teilt. Hier taucht häufig die Frage auf, ob ein gemeinsames Schlafzimmer besser für die Beziehung sei.

Gerade beispielsweise in einer Patchworkfamilienbeziehung, die in der Regel die Zweitehe (bzw. -beziehung) darstellt und der oftmals ein starker Individualisierungs- und Selbstfindungsprozess vorausgegangen ist mit einer Zeit des Alleinlebens mit den Kindern, kann der Wunsch nach einem eigenen Raum mit einem eigenen Bett von Bedeutung sein. Im Zeitalter der Individualisierung kann das aber auch für jede Partnerschaft gelten. Ein solcher Raum bietet die Möglichkeit, sich zurückzuziehen, Ruhe zu finden, vielleicht zu meditieren, sich auf sich selbst zu besinnen und neue Lebenskräfte zu schöpfen. Hier ruht Ihre Biografie mit Ihren Erfahrungen, Geheimnissen, Schwächen und Stärken. Nur Sie haben hier Zutritt und können bestimmen, wer hierin Einblick haben darf.

Dieser räumliche Rückzug kann jedoch auch leichter zu einem körperlichen und seelischen Rückzug führen und dadurch etwas Trennendes in der Beziehung darstellen. Hier bedarf es gerade dann der besonderen Wachsamkeit und Wahrnehmungsfähigkeit. Manchmal kann es bereichernd für eine Partnerschaft sein, den anderen in dieses Zimmer einzuladen, ihn an seinen wunden Punkten teilhaben zu lassen, um so ein größeres Verständnis füreinander entwickeln zu können.

Zu dem Bereich der Leib- und Lebensgemeinschaft gehört, wie wir schon gehört haben (siehe Seite 69 ff.), natürlich auch die Sexualität, ist sie doch neben der seelischen Ebene die naheste Begegnung im Leiblich-Seelischen, die den gemeinsamen Lebenskräfteleib der Partner mit bildet.

Die Seelengemeinschaft

Sexualität erleben wir als einen Bereich »zweier Welten«. Einerseits findet sie rein körperlich statt, aber ohne seelische Nähe bleibt sie im wahrsten Sinne des Wortes »entseelt«. In der Regel ist eine seelische Nähe die Voraussetzung für ein zufriedenstellendes Sexualleben. Frauen benötigen vorbereitend oft viel mehr Nähe, Zeit für seelischen Austausch und eine gemütliche Atmosphäre als Männer.

In der Partnerschaft mit pubertierenden Kindern oder in einer Patchworkfamilie mit den zum Teil noch fremden kleinen und großen Kindern kann die Sexualität oft nur erschwert gelebt werden und braucht einen geschützten Rahmen, um die Beziehung tragfähig sein bzw. werden zu lassen. Hier ist es manchmal nötig, sich bewusst für Zeiten der Zärtlichkeit und Sexualität zu verabreden, soll nicht ein Mangel auf diesem Gebiet entstehen.

Gesprächskultur

Eine gut entwickelte Gesprächskultur ist in einer Partnerschaft unerlässlich. Diese kann auf seelischer Ebene auf folgende Weise geübt werden: Nehmen Sie sich am besten täglich zwischen zehn und zwanzig Minuten Zeit füreinander, in denen Sie ungestört sein können. Wählen Sie als Inhalt keine Probleme im Zusammenhang Ihrer Beziehung, sondern etwas, das Sie seelisch am Tag berührt hat und das Sie dem Partner in fünf bis zehn Minuten erzählen wollen. Dieser hört nur offen und interessiert zu, ohne sich mit seinen eigenen Gedanken zu befassen.

Dann wird gewechselt, der Erste hört zu und der Zweite ist an der Reihe zu sprechen. Wichtig dabei ist, dass ich meinem Partner die volle Aufmerksamkeit schenke und meinen inneren Dialog (Wie hätte ich reagiert? Oder: So etwas Unglaubliches! Oder: Dass sie so handeln musste!) zurückhalte. Denn nur dann spricht sich mir etwas über den anderen aus und ich nehme ihn seelisch wirklich wahr. In unserer Ehe haben wir in turbulenten Zeiten »Not-Brücken« gebaut. Wir haben ein Beziehungsbuch eingeführt, in das jeder dem anderen seine Gedanken und Gefühle hineinschreiben konnte, wenn einmal die Zeit nicht ausgereicht hat. Das hat natürlich einen anderen Charakter, schafft aber auch ein Seelengespräch.

Ein Seelengespräch ersetzt kein Problemgespräch. Erfahrungsgemäß ist es günstig, sich für ein Problemgespräch einen Extratermin zu suchen, eine Umgebung zu wählen, in der man ungestört für eine längere Zeit konzentriert sprechen kann, und sich bezüglich der Form und des Inhalts vorzubereiten (siehe Kapitel »Das verbindende Konfliktgespräch in der Beziehung – gewaltfrei miteinander reden«, Seite 201 ff.).

Für das Seelengespräch lässt sich zusammenfassend sagen, dass eine regelmäßige Pflege desselben eine positive Auswirkung auf das Problembewusstsein und -verhalten der Partner hat.

Die Geistgemeinschaft

Hier findet das geistige Gespräch Raum. Es beginnt mit einer Klärung der beiderseitigen Werte und Normen, der Frage nach dem Sinn einer dauerhaften Lebensgemeinschaft und dem Wert des gemeinsamen Familienlebens, der Pflege von Freundschaften bis hin zum Gespräch über die Erziehung, den individuellen Verlauf der eigenen Biografie, aber auch über die biografischen Gesetzmäßigkeiten innerhalb einer Gemeinschaft.

Diese Gespräche sollten nicht dem Zufall überlassen sein, sondern in die Verantwortung im Sinne einer Verabredung genommen werden. Man kann sich zum Beispiel vornehmen, einmal in der Woche ein solches Gespräch zu pflegen. Gerade in Zeiten großer Beanspruchung von außen erfordert ein solches Gespräch viel Willenskraft und Ichstärke, aber dieser Einsatz lohnt sich. Es kann auch sehr fruchtbar und anregend sein, sich ein übergeordnetes geistiges Thema vorzunehmen, wie philosophische oder pädagogische Fragen, sich gegenseitig Texte dazu vorzulesen, um dann in ein Gespräch darüber zu kommen.

Eine Geistgemeinschaft wird auch durch einen gemeinsamen spirituellen oder religiösen Strom gestärkt. Ein bewusster Umgang miteinander durch Wertschätzung, Achtsamkeit und Positivität stärkt die Lebenskräfte und die seelisch-geistige Verbindung.

Rhythmen und Rituale in der Beziehung

Zusammenfassend kann man sagen, dass eine Beziehungspflege das Ziel hat, die Lebensgemeinschaft als Paar bewusst zu stärken. Wir haben gesehen, dass diese Pflege auf drei Ebenen geschehen sollte. In allen drei Bereichen haben wir davon gehört, wie wichtig es ist, einen Rhythmus und tragende Gewohnheiten zu entwickeln, denn Rhythmus schenkt Kraft.

Folgende Anregungen der Paarpflege gelten besonders für Eltern:

- Hören Sie mindestens einmal am Tag bewusst dem anderen mit aller Aufmerksamkeit zu.
- Nehmen Sie sich einmal in der Woche Zeit füreinander außerhalb der Familienzusammenhänge (beispielsweise Tango tanzen, in die Sauna oder einfach nur essen gehen).

- Verbringen Sie einmal im Monat einen Tag (bei kleinen Kindern wenigstens einen Nachmittag) allein miteinander.
- Unternehmen Sie einmal im Jahr einen Wochenendausflug oder einen kleinen Urlaub als Paar.

Für die Partnerschaft ist die Arbeit an und mit den Gewohnheiten fast unerlässlich. Lernen Sie gegenseitig Ihre Gewohnheiten kennen und prüfen Sie, inwieweit diese förderlich oder hinderlich für Ihre Gemeinschaft sind, welche Gewohnheiten Sie ablegen oder verwandeln können und wie Sie zu ganz neuen gemeinsamen Gewohnheiten kommen können. Denn: Der Lebenskräfteleib, der als Träger von Rhythmus und Gewohnheiten dient, ist die Kraftquelle Ihrer Lebensgemeinschaft.

»Taschen und Reißverschlüsse« in der Seele von Mann und Frau oder

Warum Frauen und Männer so verschieden sind

In den letzten Jahren ist viel über den Unterschied von Mann und Frau geschrieben worden, was uns zeigt, dass trotz Emanzipation der Frau und des Mannes der Geschlechtsunterschied weiterhin eine Rolle zu spielen scheint. Ich denke, die vorangestellten Beispiele aus dem Leben von Paaren konnten das ebenfalls verdeutlichen. Ich möchte deshalb trotz der bereits umfassenden psychologischen Literatur einen weiteren wesentlichen Aspekt aus der anthroposophischen Menschenkunde hinzustellen. Unternehmen wir hierzu einen Ausflug in die Embryologie. Jeder Mensch hat 22 Chromosomenpaare und dann noch zwei spezielle Chromosomen, die sein Geschlecht bestimmen. Bei einem drei bis vier Wochen alten Embryo lässt sich Folgendes beobachten: Die sogenannten Urkeimzellen beginnen in die Region der zu bildenden Fortpflanzungsorgane einzuwandern und die Entwicklung der Keimdrüsen zu veranlassen. Es entstehen zunächst bei beiden Geschlechtern genau dieselben Gewebestränge als doppelgeschlechtliche Anlage. Die Keimdrüsenanlagen sehen jetzt also bis zum Ende des zweiten Monats völlig gleich aus. Dann erst beginnt die sichtbare Differenzierung in ein männliches und ein weibliches Geschlecht, und die bereits vorhandene gegengeschlechtliche Anlage bildet sich wieder zurück und bleibt nur noch rudimentär sichtbar. Es steckt also in jedem Menschen die Möglichkeit, eine männliche oder weibliche Anlage auszubilden.

Spannend ist, dass in der Embryonalentwicklung genau parallel zu der Rückbildung der entgegengesetzten Geschlechtsanlage die Großhirnbläschen aussprossen. Die Ausbildung der Großhirnhemisphäre und die Differenzierung der Keimdrüsen fallen also in denselben Zeitraum der Embryonalentwicklung.

Michaela Glöckler bietet als eine Arbeitshypothese an, dass wir den Impuls zur Gehirnentwicklung dem Verzicht auf die Reproduktionskraft des anderen Geschlechtes verdanken können.[24] Bildet sich körperlich eine weibliche Anlage aus, tritt ein Verzicht auf die Wachstumskraft der männlichen Anlage ein. Diese nicht benutzten männlichen Fortpflanzungskräfte machen nun eine Metamorphose durch und wirken beim Aufbau des Großhirns und später beim Denken selber mit.

Blicken wir auf dieser Grundlage einmal leiblich und seelisch auf die Unterschiede von Mann und Frau: Der Mann ist in der Regel etwas schwerer und »kantiger« bzw. »knochiger«, da er mehr Kalk in seinem Skelett hat. Er hat eine tiefere Stimme und ein schwereres Gehirn, in dem die linke Hälfte stärker entwickelt ist, was meist mit einer stärkeren Betonung des Logischen und Rationalen einhergeht. Sein Magensaft ist saurer und dadurch aggressiver. Seine Fortpflanzungsorgane sind außerhalb des Rumpfes angesiedelt und sichtbar. Die Hoden sind fast aus dem Körper herausgesetzt und haben eine starke »Erdenschwere«.

Frauen sind dagegen leichter, weicher und zarter gebaut

und haben im Durchschnitt weniger körperliche Kraft. Ihr Körper enthält mehr Bindegewebe und Fett. Ihre Stimme ist zarter und höher. Sie sind gewissermaßen nicht »ganz so da«, etwas weniger im »Diesseits« verwurzelt als Männer.

Die Unterschiede bei den Fortpflanzungsorganen können uns noch auf eine ganz andere Dimension der männlich-weiblichen Problematik hinweisen. Die weiblichen Eierstöcke bringen etwa vom 14. bis 48. Lebensjahr jeden Monat eine Eizelle zur Reife. Die Gebärmutter wird jeden Monat darauf vorbereitet, die befruchtete Eizelle aufzunehmen. Die Eizelle ist unbeweglich, sie hat keine Eigenbewegung, sondern wird vom Eileiter bewegt. Erfolgt keine Befruchtung der Eizelle, wird die Gebärmutterschleimhaut zusammen mit der Eizelle, die nur sechs bis zwölf Stunden lebensfähig ist, in der Monatsblutung wieder ausgeschieden.

Auf ganz andere Weise arbeiten die männlichen Fortpflanzungsorgane: Tag und Nacht wird kontinuierlich eine große Zahl von äußerst beweglichen Spermien und Samenflüssigkeit gebildet. Bei einer Ejakulation haben die Spermien eine Lebensdauer von drei bis sechs Tagen. Die produzierte Menge ist individuell verschieden, je nach Angebot und Nachfrage.

Im Vergleich dazu betrachtet ist die Produktion der zu befruchtenden Eizellen bei der Frau eine recht begrenzte, nicht nur was die Menge, sondern auch was das Zeitliche angeht, denn mit der Menopause hören die Eierstöcke auf zu arbeiten und die Frau kann keine Kinder mehr bekommen.

Die Spermienproduktion des Mannes ist hingegen unermüdlich bis ins hohe Alter (wenn auch mit abnehmender Tendenz) tätig. Es findet immer wieder millionenfach Erneuerung auf diesem Gebiet der männlichen Fortpflanzungskräfte statt.

Bezogen auf die physische Grundlage der Fortpflanzungsorgane lässt sich zusammenfassen, dass diese beim Mann eher dynamisch, nach außen orientiert und »verschwenderisch« sind. Ihre Wirksamkeit ist unabhängig vom Kosmos, während der Monatszyklus der Frau durch den Mondenrhythmus mit dem Kosmos verbunden ist. Die Eizelle ruht abgeschlossen und empfangsbereit im Eileiter, während sich ihr die konkurrierenden Spermien nähern. – So viel zu den Fortpflanzungsorganen!

Vollziehen wir nun einen Gedankensprung zum Anfang des Kapitels zurück: Wir hatten davon gesprochen, dass wir als Embryo bis zum Ende des zweiten Monats zweigeschlechtlich sind und sich erst dann das jeweilige männliche oder weibliche Geschlecht körperlich ausbildet. Die anderen nicht genutzten weiblichen oder männlichen Anlagen machen die beschriebene Metamorphose durch und wirken beim Aufbau des Großhirns und somit des Denkens mit. Wir können im Allgemeinen eine seelische Unterschiedlichkeit im Denken von Mann und Frau beobachten, die hier ihren Ursprung haben kann. Es versteht sich von selbst, dass das Denken jedes Menschen individuell geprägt ist, dennoch lassen sich oft Tendenzen beobachten.

Nehmen wir die Dynamik der oben beschriebenen Eireifung als metamorphosierte Wachstumskraft, die dem Mann rein seelisch zur Verfügung steht. Das weibliche Fortpflanzungsorgan ist ganz von der Umwelt abgeschlossen, es liegt im Innern des Körpers, hat eine nach innen gerichtete Dynamik. In der Verwandlung ins Seelische zeigt sich das beim Mann nun in einer stärkeren In-sich-Geschlossenheit des Gedankenlebens.

Meist können Männer sich viel besser auf eine Sache konzentrieren, lassen sich nicht so leicht ablenken wie wir Frauen.

Die Gefahr dabei ist, dass sie sich innerlich zu sehr abschließen, »ihre Ruhe« haben wollen und unbeweglich, zu lange abwartend werden.

Im Seelenleben der Frauen erleben wir dagegen oft eher eine umwelt-, also nach außen gerichtete Dynamik, welche durch die nicht körperlich entwickelten männlichen Fortpflanzungsorgane geprägt ist. Allgemein fällt es Frauen leichter, sich auf neue, ungewohnte Gedanken einzulassen. Ihr Denken ist sprühender und farbiger, aber auch unstet und sprunghafter als das der Männer. Sie denken eher assoziativ. Häufig sind sie nicht so bodenständig, sondern gewissermaßen »leichter«.

Michaela Glöckler entwickelte in Bezug auf die unterschiedlichen Gewohnheiten im Denken, Fühlen und Handeln von Mann und Frau das Bild von »Taschen und Reißverschlüssen in unseren Seelen«.[25] So haben im Bild gesprochen viele Männer lauter Taschen und Reißverschlüsse in ihrer Seele, die bei Bedarf gut genutzt werden können. Kommt eine seelische Anforderung durch eine Frau an den Mann heran, wie zum Beispiel: »Können wir einmal über unsere Beziehung sprechen?«, kann es passieren, dass der Mann diese Frage erst einmal für längere Zeit in seine »Seelen-tasche« verfrachtet und den Reißverschluss sorgfältig zu-zieht, sodass gegebenenfalls Tage oder gar Wochen darüber vergehen können, bis eine Antwort erfolgt. Eine solche Frage an eine Frau gerichtet, fällt in der Regel schnell auf fruchtbaren Boden und soll möglichst sofort bearbeitet werden, denn, wieder im Bilde gesprochen, die Frau besitzt per se erst einmal gar keine Taschen und Reißverschlüsse in ihrer Seele.

Die Aufgabe in einer Beziehung kann nun darin liegen, das klassische Bild von Mann und Frau zu überwinden und somit den entsprechenden Rückzug auf das eigene »Ge-schlechtsverhalten« zu unterlassen, sprich: es in der Part-nerschaft »menschlich« werden zu lassen.

Aus dem Gesagten ergeben sich folgende Ziele:

- Der Mann darf lernen, seine Taschen und Reißver-schlüsse bewusst für die Anliegen seiner Umgebung in einem ihm eigens zugestandenen Tempo zu öff-nen, um die Frau in seine Seele blicken zu lassen.
- Die Frau darf lernen, sich bewusst Taschen und Reiß-verschlüsse in ihre Seele zu »nähen«, um das Bedürf-nis, sich nach außen zu richten, sich mitzuteilen, in den anderen eindringen zu wollen, und den Wunsch nach Veränderung zu bändigen, indem sie lernt, die Dinge mehr in sich zu bewahren und zu einem selbst festgelegten Zeitpunkt nach außen zu tragen.

Mit diesem bewussten Bemühen um die Wahrnehmung des anderen in seinen Gedanken, Gefühlen und Willensintentionen ist ein großer Schritt in der Paarbeziehung zu mehr Empathie und Frieden getan (siehe auch Seite 201 ff.).

Exkurs in die Paarberatung

Das Leben kann nur in der Schau nach rückwärts verstanden, aber nur in der Schau nach vorwärts gelebt werden.

Sören Kierkegaard

Wenn Paare in die Paarberatung kommen, liegt meistens bereits eine längere Phase der Unzufriedenheit oder Konflikteskalation vor. Häufig ist einer der beiden Partner die treibende Kraft, in der Regel derjenige, der einen Leidensdruck verspürt und Veränderungsbedarf sieht. Das heißt nicht, dass der eine den anderen als Schuldigen vorführt, sondern – wie wir bereits gehört haben –, dass in dem System »Beziehung« oder »Familie« Entwicklung nicht mehr für alle ausreichend konstruktiv stattfinden kann. Wir sprechen dann von Symptomen, die zum Ausdruck bringen, dass ein Ungleichgewicht im Beziehungsleben eingetreten ist. Das kann sich auf unterschiedlichste Weise zeigen – von lähmendem Schweigen bis zu ständigen Konflikten.

In der Regel ist das »anfängliche Eis« in der Beratung schnell geschmolzen, und auch derjenige mit Vorbehalten fühlt sich erleichtert, weil jeder die Gelegenheit erhält, seine Sicht der Beziehungsprobleme zu schildern, sodass alle Gedanken und Gefühle Raum finden können. Meistens kommen Paare mit einem Kernthema, welches sich in den Folgestunden um andere Themen erweitert.

In der ersten Beratungssitzung geht es neben dem Aufbau eines Vertrauensverhältnisses zwischen dem Paar und dem Berater um die gemeinsame und individuelle Lebenssituation, die Problemlage und die Konfliktdynamik des Paares. Jeder erhält immer wieder ausreichend Gelegenheit, zu Wort zu kommen. Die Aufgabe des Beraters ist hierbei, sich in jeden empathisch einzufühlen und keine Partei zu ergreifen. Stattdessen gehört die Kunst des kreativen Fragens in seinen »Handwerkskoffer«. Das Paar möchte ja eine andere Sicht auf die Beziehungsproblematik erhalten. Hierbei helfen Fragen aus der »Systemischen Beratung« wie zum Beispiel die *zirkuläre Frage,* mit der ich wie mit einem Zirkel in den Umkreis des Paarsystems gehe.

»Stellen Sie sich vor, Ihr Sohn würde auch hier sitzen und wir würden ihn fragen, wie er Ihre Beziehung beschreiben würde ...« oder: »Angenommen, Ihre Freunde wären heute hier und ich würde sie bitten, ihre Wahrnehmung von Ihnen von außen zu schildern ...«

Ich kann aber auch die Partner gegenseitig nach dem Problem des anderen befragen. »Was glauben Sie, was ist das Problem Ihrer Frau/Ihres Mannes genau?« Es entsteht dadurch eine andere Art des sich gegenseitig Zuhörens und vielleicht sogar eine andere Sicht auf die Problematik.

Will ich den Grad einer Belastung erfragen, kann die sogenannte *Skalierungsfrage* hilfreich sein: »Wo auf einer Skala zwischen 1 und 10 würden Sie sich hinstellen, wenn Sie das Ausmaß der Beeinträchtigung bewerten sollten?« Hierdurch können Unterschiede und Veränderungen im Laufe des Beratungsprozesses sichtbar werden.

Interessant ist die *Frage nach Ausnahmen,* denn darüber

erfahre ich als Beraterin etwas über die Ressourcen des Paares. »Gibt es Zeiten, in denen Sie sich nahe sind? Was ist dann anders?« oder: »Bei welchen Themen sind Sie sich einig?«

Mit der sogenannten *Wunderfrage* von Milton Erickson lassen sich im ersten Schritt Lösungsmöglichkeiten für die Partner kreieren: »Stellen Sie sich vor, über Nacht würde ein Wunder geschehen. Sie würden am Morgen aufwachen und Ihr Problem wäre gelöst. Wer aus Ihrer Familie würde es als Erster bemerken und woran?«

Gerne stelle ich am Anfang einer Stunde oder auch für den gesamten Beratungsprozess die *Frage nach dem Ziel und der Zufriedenheit:* »Wie sollte die Sitzung heute verlaufen, dass Sie am Ende zufrieden hinausgehen?« oder: »Wenn Sie sich das Ende der Paarberatung vorstellen, was sollte dann für Sie anders sein?«

Im Zusammenhang von Partnerschaft und Familie arbeite ich selbst gerne mit dem *Familienbrett,* welches auch aus der Systemischen Beratung kommt. Das Paar stellt dabei mit Figuren gemeinsam sein Familiensystem auf einem Brett auf oder jeder der beiden löst diese Aufgabe jeweils auf einem eigenen Brett allein. Letzteres bietet die Möglichkeit des gemeinsamen Vergleichs, durch den wieder ganz neue Fragen gestellt werden können oder sogar mit dem eigenen Familiensystem aus der Ursprungsfamilie weitergearbeitet werden kann.

Paarberatung kann ein längerer Prozess sein, da Beziehungsprobleme auf ganz unterschiedlichen Ebenen betrachtet und bearbeitet werden können. Ich benutze hierzu gerne das *Eisbergmodell,* durch welches die verschiedenen

Schichten einer Problematik anschaulich verdeutlicht werden können. Wie beim Eisberg in großen Gewässern sieht man von Weitem nur die Spitze des Ganzen. Auf die Beratung übertragen heißt das, das Paar schildert unter Umständen lauter Anlasskonflikte, die entsprechend zu ständigen Streitereien führen. Bleibe ich mit ihnen auf dieser Ebene, lassen sich gegebenenfalls neue Handlungsstrategien erarbeiten, an die Ursache oder besser gesagt die Quelle des Konfliktes komme ich mit ihnen aber nicht heran. Eine solche Beratung hat wahrscheinlich keine sehr hohe Nachhaltigkeit. Stattdessen tasten wir uns anhand vielfältiger Methoden (wie der Transaktionsanalyse, der Arbeit mit dem inneren Team und der Paar-Biografiearbeit) behutsam an die Quelle des Konfliktes heran. Dies kann auf fünf Ebenen geschehen:

- Beschreibung des Problems/der Anlasskonflikte,
- Konfliktdynamik und Beziehungsbiografie,
- »Alte Stachel« in der Beziehung/Quellkonflikte,
- Unerledigtes in der eigenen Biografiearbeit/ Quellkonflikte,
- Unerledigtes aus den Herkunftsfamilien/Quellkonflikte.

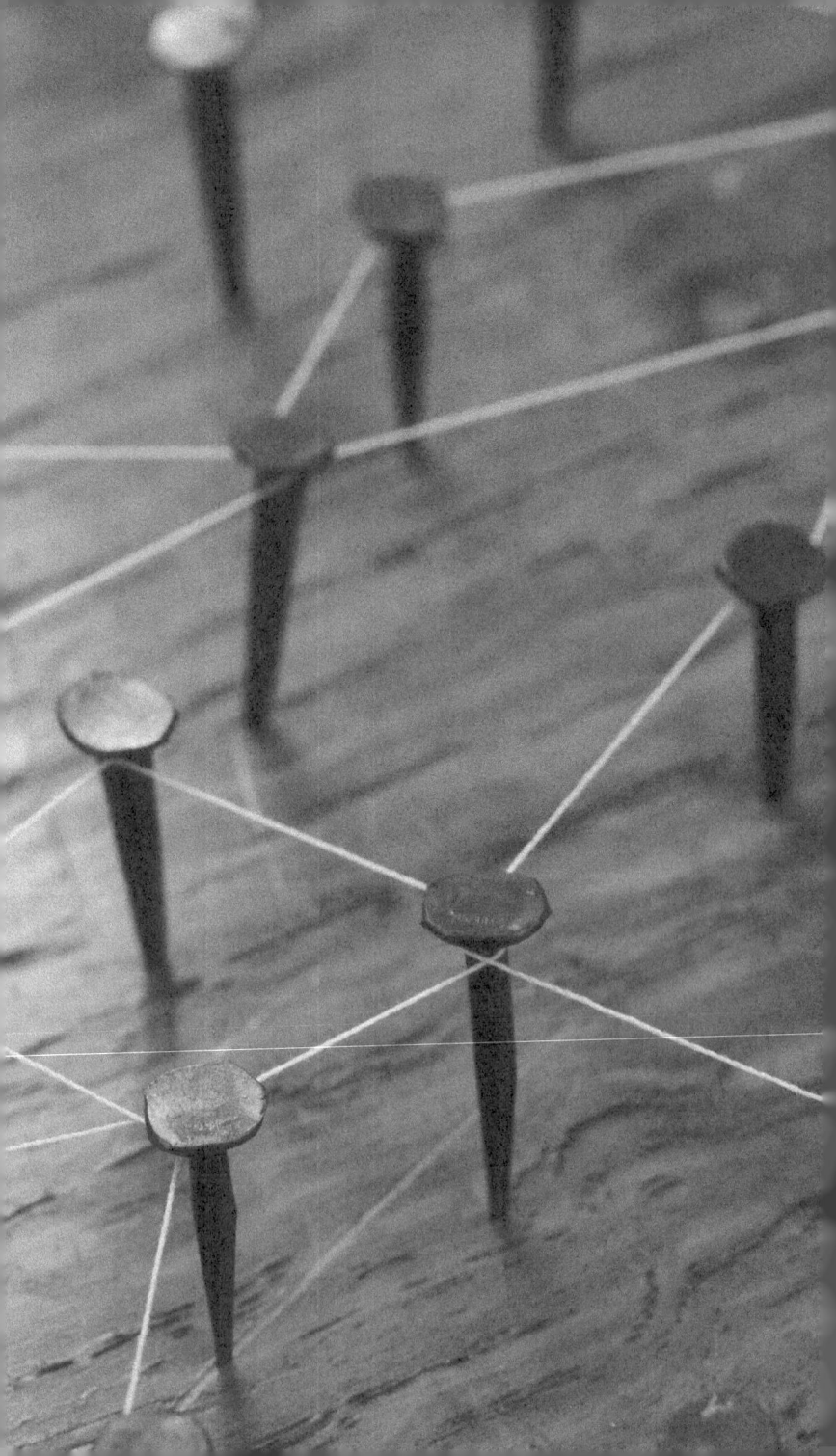

Transaktionsanalyse in der Paarberatung

Wenn wir nur die guten Seiten eines Menschen mögen,
dann ist es nicht Liebe.

Thich Nhat Hanh

Jeder von uns entwickelt im Laufe seiner Kindheit und Jugend sein »Lebensskript« (ein Begriff aus der Transaktionsanalyse) oder auch seinen Lebensplan unter dem Einfluss
seiner Herkunftsfamilie. Wie bereits in der systemischen
Blickrichtung mit dem Begriff der Primärtriade erwähnt
(siehe Seite 49 f.), bringt jeder seine Prägungen mit in eine
Beziehung ein. Die häufigsten Paarprobleme entstehen
durch ein Aufeinanderprallen verschiedener Lebensskrip-
te, die beim anderen zu Unverständnis, Angriffen und oft
eben auch zu Fehldeutungen des Verhaltens führen können. Eine Teufelsspirale nimmt ihren Lauf.
Die Transaktionsanalyse (TA) ist ein Modell zum Verstehen menschlichen Verhaltens und eine Möglichkeit, mithilfe der aus ihr gewonnenen Einsichten das Zusammenleben
und die Kommunikation in einer Partnerschaft neu zu gestalten. Sie bietet eine klare und differenzierte Möglichkeit
der Selbstreflexion. Ich wähle von den Konzepten der TA
nur einige aus, die mir in ihren Grundgedanken für Paar-
konflikte ausreichend erscheinen. Eine Vertiefung ist durch
die angegebene Literatur möglich.[26]

Eric Berne, der Begründer der Transaktionsanalyse, hat in seiner psychosomatischen Praxis beobachtet, dass Menschen während einer kurzen Sitzung ihr Verhalten öfter auffallend wechseln. Sie verändern ihre Stimme, ihre Haltung und ihren Gesichtsausdruck und damit einhergehend auch ihre Gefühle und Meinungen.

Diese wechselnden Zustände, die wir alle an uns beobachten können, nennt er Ich-Zustände oder Persönlichkeitsanteile. Manchmal, so Bernes Beobachtung, sagen die Menschen etwas über sich selbst und unterstreichen ihre Worte durch eine gerunzelte Stirn, als sprächen Eltern kritisch mit einem Kind, oder sie sagen mit fürsorglicher Miene etwas Ausgleichendes, Tröstendes. Diesen Zustand nennt er *Eltern-Ich,* abgekürzt EL.[27]

Jeder von uns wird einen inneren Dialog im Sinne eines Selbstgespräches kennen. Wir können aus diesem Eltern-Ich heraus in zwei unterschiedlichen Weisen handeln: in einer fürsorglichen, unterstützenden und einer korrigierenden, kontrollierenden und kritisierenden Weise. Das fürsorgliche Eltern-Ich hilft, tröstet und sorgt für andere oder uns selbst, so wie liebevolle Erwachsene für ein Kind. Das kritische Eltern-Ich, in dem wir uns leider sehr oft erleben, kann harsch mit drohenden, verbietenden und ängstigenden Handlungen, Gefühlsäußerungen und Gebärden Einfluss nehmen.

Das Eltern-Ich speichert auch Regeln, Gebote und Verbote sowie Erlebnisse, die unser Überleben sichern helfen bzw. uns Anweisungen geben, wie wir das Leben meistern können. Aus dem Eltern-Ich heraus handeln wir im Einklang mit unseren Wertvorstellungen, Normen und Regeln und sind darin oft nicht frei von Vorurteilen. Es ist unser angelerntes Lebenskonzept.

Es gibt körperliche und sprachliche Indizien, die uns wahrnehmen lassen, wann wir in unserem Eltern-Ich agieren: gerunzelte Stirn, Zungenschnalzen, Seufzen, gespitzte Lippen, Kopf tätscheln, ausgestreckter Zeigefinger, Hände ringen, entsetzter Augenaufschlag, Arme vor der Brust verschränken.

Dazu gehören auch Äußerungen wie:
- »Ich werde dafür sorgen, dass das ein für alle Mal aufhört ...«
- »Ich kann es auf den Tod nicht leiden, wenn ...«
- »Du musst immer daran denken, dass ...«
- »Du darfst nie vergessen, dass ...«
- »Wie oft habe ich dir schon gesagt ...«
- »Wenn ich du wäre ...«

Wörter, die auf Vorurteile hinweisen, können sein:
- dumm, empörend, faul, unsinnig, schlampig, widerlich etc.,
- »armes Ding«, »Kindchen«, »sehr schlau!«, »schon wieder!«, »Trottel«, »und jetzt?« etc.

Ein anderer Ich-Zustand entspricht dem Verhalten eines
Menschen, der denkt, etwas erklärt, berichtet oder sich
informiert. Er spricht sachlich und ruhig und richtet sich
beim Sprechen auf; seine Stimme ist relativ monoton. Diesen Ich-Zustand nennt Berne *Erwachsenen-Ich,* abgekürzt
ER.

Unser Erwachsenen-Ich hilft uns, Entscheidungen zu treffen und uns Klarheit in Situationen zu verschaffen. Wir
können mithilfe unseres Erwachsenen-Ichs unser Handeln
überprüfen und besser mit unseren Gefühlen fertig werden. Wir können wahrnehmen, dass auch unangenehme
Gefühle sehr wichtig und hilfreich sind, wenn wir unser
Erwachsenen-Ich dazu benutzen, sie zu ergründen, und
können dann etwas unternehmen, wodurch wir unsere
Lage verändern. Mit dem Erwachsenen-Ich kann ich Fragen stellen und Informationen einholen.

Wenn wir aus dem Erwachsenen-Ich heraus handeln, zeigt
das Gesicht Interesse, es ist offen und dem Partner zuge-
kehrt. Beim Zuhören sind Bewegungen wie Nicken oder
Zeichen der Zustimmung (»mmh«) erkennbar.

Sprachliche Indizien sind Wörter bzw. Formulierungen wie:
- warum, wie viel, was, wieso, wer, auf welche Weise,
- ich denke, ich glaube, ich meine,
- möglich, wahrscheinlich etc.

Anregung:

Beobachten Sie sich selbst: Wie reagieren Sie, wenn Konflikte auftauchen? Erleben Sie sich sofort in Ihren Gefühlen oder beginnen Sie einen inneren Dialog, an dem das Denken beteiligt ist?

Stellen Sie Fragen nach den Zusammenhängen oder handeln Sie sofort eingreifend?

Ein weiterer Ich-Zustand umfasst das Verhalten, das dem eines Kindes ähnelt. In diesem Ich-Zustand erleben wir uns, wenn wir uns freuen, lachen, weinen oder auch wütend sind, aufbegehren und etwas ungern machen, weil es jemand von uns fordert. In diesem Zustand können wir schöpferisch, rücksichtslos, einfühlsam sein und Spaß haben. Berne nennt diesen Ich-Zustand den *Kindheits-Ich-Zustand* (abgekürzt K). Das Kindheits-Ich ist die Quelle unserer Energie, wenn diese frei fließen kann.

Berne unterscheidet das Kindheits-Ich in ein *freies,* ein *angepasstes* und ein *rebellisches Kindheits-Ich.* Der angepasste Teil in uns ist autoritätsabhängig, gehorcht Regeln, Geboten, Verboten und Normen, wie zum Beispiel »Mit vollem Munde spricht man nicht!« oder »Ins Theater geht man mit Abendgarderobe!«. Der rebellische Teil muss sich auflehnen, gegen etwas angehen.

Im freien Kindheits-Ich erlebt der Mensch eine innere Aufzeichnung seines Lebenskonzeptes. Er empfindet Grundgefühle wie Zorn, Liebe, Trauer, Glück, Neid, Ekel und Hass. Wird ein Mensch von seinen Gefühlen gepackt, sagen wir deshalb, sein Kindheits-Ich habe die Führung übernommen.

Im freien Kindheits-Ich finden wir aber auch Kreativität, Neugier, Wissensdrang, Lust an Berührungen, Nähe und Sexualität. Es speichert schöne und negative Erinnerungen.

Die körperlichen Indizien sind zum Beispiel Tränen, zitternde Lippen, plötzliche Wutanfälle, eine hohe, weinerliche Stimme, Achselzucken, Lachen, Grimassenschneiden, Betteln, Nägelkauen, niedergeschlagene Augen etc.

Sprachliche Indizien sind Formulierungen wie:
»Ich will …«, »Ich wünsche mir …«, »Weiß ich doch nicht«, »Ich tue jetzt …« Groß, größer, am größten … Superlative.

Anregung:

Lernen Sie Ihr Kindheits-Ich kennen und differenzieren Sie die verschiedenen Kindheits-Ich-Zustände. In welchem Kindheits-Ich-Zustand erleben Sie sich am häufigsten bzw. am seltensten?

Diese Ich-Zustände, die jeder Mensch in sich trägt, hat Berne in einem Diagramm veranschaulicht:

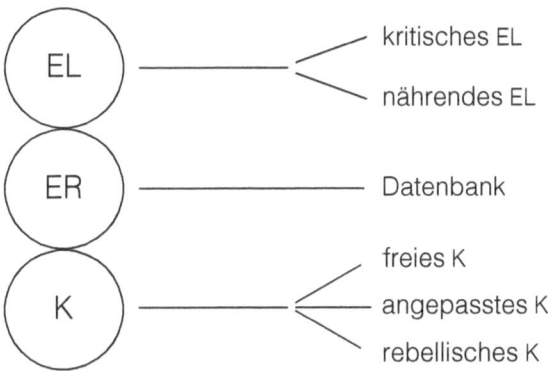

Alle Ich-Zustände gehören zum erwachsenen Menschen und sollten in einem ausgewogenen Verhältnis vorhanden sein.

Thomas Harris, ein Kollege Bernes, hat die Grundmaxime der menschlichen Kommunikation auf eine Kurzformel gebracht: »Ich bin o.k. – du bist o.k.«, was ausdrücken soll: Wenn ich mit mir selber im Reinen bin und mein Gegenüber annehmen kann, sollten eigentlich keine Probleme in der Kommunikation entstehen.[28]
Aber leider ist das eine Idealvorstellung, die in der Realität oftmals anders aussieht, insbesondere in der Partnerschaft, in der wir meist große Unterschiede in Bezug auf Regeln, Werte und Normen haben.

Ein weiterer Grundgedanke der Transaktionsanalyse bezieht sich auf die Art und Weise, wie zwei Menschen in Beziehung zueinander treten. Das kann über Aussagen und Handlungen geschehen (von Berne als »Transaktion« bezeichnet). Der Mensch kann Ausübender und Empfänger solcher Transaktionen im Sinne der drei verschiedenen Ich-Zustände sein.

Zur Veranschaulichung mögen einige Beispiele helfen.

— Max fragt Susan, ob er nach der Arbeit noch etwas einkaufen soll. (Erwachsenen-Ich mit Beteiligung des fürsorglichen Eltern-Ichs)

Worauf Susan antwortet: »Kannst du nicht einfach mal selbst in den Kühlschrank gucken!« (kritisches Eltern-Ich)

Max: »Phh, dann mach doch deinen Kram alleine.« Er verlässt Türen knallend das Haus. (rebellisches Kind)

Susan wird wütend, schimpft vor sich hin und weint letztendlich, weil sie sich von Max allein gelassen fühlt. (freies Kindheits-Ich)

In diesem Beispiel haben wir es mit wesentlichen Transaktionsformen zu tun: Beim ersten Wortwechsel handelt es sich um eine Überkreuztransaktion, was leicht zu Konflikten führt, denn Reiz und Reaktion erfolgen nicht aus demselben Ich-Zustand heraus, sondern werden im EL-ER-K-Ich überkreuzt, die Kommunikation wird unterbrochen: Max fragt Susan sachlich aus seinem Erwachsenen-Ich nach dem Einkauf. Aus Susans Reaktion entnehmen wir, dass sie sich in einem anderen Ich-Zustand befindet als Max, jedenfalls seine Worte anders hört. Anstelle einer Antwort kritisiert sie sein Fragen. Dies kommt bei Max, dessen Frage möglicherweise auch mit Fürsorge verbunden war, als erziehende Kritik an, und er reagiert mit Rebellion. Susan wechselt jetzt den Ich-Zustand zum freien Kind. Sie beginnt zu schimpfen, zu weinen und fühlt sich allein. Eigentlich war das ihr Ausgangsgefühl. Ihr Eindruck ist, dass sie immer den Haushalt im Blick haben und Max den Einkauf wie einem Kind auftragen muss. Also bekommt er EL-Ich-Kritik und reagiert auch tatsächlich wie ein pubertierender Junge. Keiner von beiden hat das bekommen, was er bzw. sie wollte, was sich auch in Susans Trauer zeigt. Dies ist eine sogenannte Komplementär-Transaktion, die beliebig lange im Streit mit Vorwürfen so weitergehen könnte. Die Beteiligten fahren meistens so lange damit fort, bis man entweder auseinandergeht – oder einer von beiden im inneren Dialog sein Erwachsenen-Ich befragt, das heißt, das Denken setzt ein. Eric Berne nennt diese Dynamik »Spiele der Erwachsenen«.[29] Aus diesen gibt es nur den Ausweg über eine Reflexion aus dem ER-Ich und/oder durch Humor mit Hilfe des freien Kindes, beispielsweise indem einer sagt: »Jetzt ist es uns schon wieder passiert, dass wir uns wie Kinder in der Sandkiste streiten.«

—— Lars und Steffi leben in einer Patchworkfamilie. Lars hat mit Steffis fünfzehnjähriger Tochter Anna einen Konflikt.
Lars: »Deine Tochter hat schon wieder meinen Rasierapparat für ihre Beinhaare genommen!«

Lars vermittelt Steffi damit verschiedene Botschaften. Der Hauptreiz kommt aus dem ER-Ich (Verstoß gegen die Regel), doch mit einem Hintersinn aus dem EL-Ich (»Kannst du deine Tochter nicht so erziehen, dass sie das unterlässt?«). Diese Koppelung zweier Reize nennt man Duplex-Transaktion.

Steffi erreicht diese Doppelbotschaft; sie fühlt sich in ihrem Kindheits-Ich angesprochen und verletzt. Mit ihrem Erwachsenen-Ich fragt sie sich, warum er es Anna nicht selber sagt und was er wohl mit der Formulierung »deine Tochter« zum Ausdruck bringen will.

Steffi hat verschiedene Möglichkeiten, auf Lars zu reagieren:

- kritisches EL: »Lass mich mit deinem Rasierapparat zufrieden, das musst du schon selber mit Anna klären.«
- fürsorgliches EL: »Kann ich dir helfen, ihn zu säubern?«
- ER: »Ich merke, dass es mich kränkt, wenn du ›deine Tochter‹ sagst, und frage mich, ob du mir damit etwas mitteilen willst.«

  Oder: »Ich schlage vor, dass wir zu dritt einmal darüber sprechen.«
- angepasstes K: »Oh, entschuldige bitte, ich wollte es ihr schon längst einmal sagen, dass sie das nicht tun soll.«
- rebellisches K: »Das ist mir doch egal, wenn Anna deinen Rasierapparat genommen hat.«
- freies K: »Ach, Lars, ärgere dich nicht, lass uns einen Tee trinken.«

Vermutlich würde Lars das Angebot Steffis aus dem Erwachsenen-Ich am ehesten annehmen. Hat er gerade Zugang zu seinem freien Kindheits-Ich, könnte auch die Reaktion aus

Steffis freiem Kindheits-Ich Frieden stiften. Die Angebote aus den anderen Ich-Zuständen sorgen erfahrungsgemäß für weiteren Zündstoff in der Kommunikation.

Anregung:

Lernen Sie sich in Ihren unterschiedlichen Ich-Zuständen kennen, auch Ihre Ausdrucksweise im Nonverbalen wie Gestik, Mimik und Tonfall:
- *beim Kindheits-Ich:* vor allem seine verwundbaren Stellen, Ängste, die häufigsten Formen, in denen es seine Gefühle ausdrückt,
- *beim Eltern-Ich:* seine Gebote, Verbote, seine unverrückbaren Grundsätze,
- *beim Erwachsenen-Ich:* seine Schutzmöglichkeiten wie Blickkontakt halten, vorwegnehmende Einschätzungen von Situationen, sich in andere Menschen hineinversetzen, Verabredungen treffen und einhalten können.

Um eine gesunde Kommunikation in der Partnerschaft zu ermöglichen, ist es ratsam, ein wachsames Erwachsenen-Ich zu entwickeln, denn dieses ist der Regisseur auf der inneren Bühne. Je sicherer ich mich auf dieser fühle, desto klarer und vielseitiger kann ich mich auf der Bühne des Lebens bewegen.

Tipps für den Alltag:

- Achten Sie auf Ihren Kräftehaushalt: Schlafdefizit, Monatszyklus, Störungen des Rhythmus zehren an den Lebenskräften und belasten das Kindheits-Ich, aus dem wir unsere Energien schöpfen.
- Bauen Sie sich kleine Brücken bzw. Pausen für den Aufbau des Erwachsenen-Ichs im inneren Dialog ein: bis zehn zählen, bevor Sie reagieren, dreimal tief durchatmen oder den Raum kurz verlassen, erst mal eine andere Handlung verrichten.
- Führen Sie keine Konfliktgespräche nach 22 Uhr oder wenn Sie müde sind. Das Erwachsenen-Ich ist bei Müdigkeit geschwächt, was eine Einladung der anderen Ich-Zustände bedeuten kann.
- Seien Sie aufgeschlossen für das Kindheits-Ich im anderen Menschen. Achten Sie darauf, dass Ihre Botschaften aus dem ER-Ich kommen und nicht als Du-Zuschreibungen an das Kindheits-Ich gerichtet sind.
- Schaffen Sie sich regelmäßige Besinnungszeiten, in denen Sie sich seelisch-geistig stärken können. Das können kleine Ruhepausen sein, in denen Sie etwas Aufbauendes lesen, Yoga oder Eurythmie machen oder meditieren.

In der Paarberatung arbeite ich mit den entsprechenden Ich-Zuständen der Transaktionsanalyse durch auf dem Boden liegende Folien mit jeweils einem Partner, der andere schaut zu und umgekehrt. Auf diese Weise kommt Bewegung in die Beratung. Bereits hier finden oftmals interessante Prozesse in Bezug auf die Herkunftsfamilie statt. Im nächsten Schritt veranschaulichen wir die verschiedenen Transaktionen auf dem Flipchart. Durch vertiefende biografische Fragen werden anschließend Teile des Lebensskripts beleuchtet. Später arbeiten wir an neuen Kommunikationsformen wie zum Beispiel der Gewaltfreien Kommunikation.

Paar-Biografiearbeit

Die Biografie des Menschen ist eine sich in der Zeit entfaltende Gestalt, die immer wandelbar bleibt. Das bestätigen die neuesten Ergebnisse der Hirnforschung: Wir können unser ganzes Leben lang Neues lernen und die Einbahnstraßen, die oft in festgefahrenen Verhaltensweisen zum Ausdruck kommen, neu gestalten, indem wir durch das Erlernen eines neuen Verhaltens zusätzliche Nervenverbindungen in der Hirnrinde anlegen. Dafür ist es nie zu spät! Ein Ziel der Biografiearbeit ist es, das Leben selbst als einen Entwicklungsweg zu sehen. Diese Arbeit kann man auf ganz unterschiedliche Weise angehen. Es gibt in der Paarberatung die Möglichkeit einer biografischen Einzelarbeit oder einer Paar-Biografiearbeit zu zweit, was eine sehr heilsame Wirkung für ein Paar haben kann. Grundlage einer solchen Arbeit ist es, einzelne Lebensjahrsiebte zu beleuchten und in Beziehung zueinander zu sehen. Jedes Leben hat seine ganz individuellen Ereignisse und Schicksalsmomente, aber eben auch Gesetzmäßigkeiten, Rhythmen und Wiederholungen, welche die Entwicklung eines Menschen fördern oder hemmen können. Sich dem anzunähern, was der jeweilige Sinn eines Ereignisses ist, wohin es führen könnte und was der Zukunftsimpuls dabei ist, gehört zu den wesentlichen Zielen der Biografiearbeit. Habe ich zum Beispiel in meinem zweiten Jahrsiebt eine

Trennungssituation meiner Eltern erlebt, so kann ich gewiss sein, dass ganz bestimmte Stimmungen oder gar Beschlüsse tief in mir bis in den Körper eingeprägt bleiben, die mir in meinem späteren Leben zum Hindernis, aber auch Warnsignal werden können. Was für den einen ein ganz normaler Streit ist, bedeutet für den anderen schon eine »Untergangssituation«. So kann ich vielleicht mit zehn Jahren beschlossen haben: »Ich höre nicht mehr hin« oder: »Ich will weg hier.« Ein solcher verinnerlichter Beschluss kann im späteren Leben in Krisenzeiten einer Beziehung eine Blockade bedeuten.

Es kann hilfreich sein, die Paarbiografie im Zusammenhang mit der eigenen Biografie, dem Lebensalter zu Beginn der Beziehung und zum jetzigen Zeitpunkt der Beziehung anzuschauen. Denn daraus lassen sich oft Zusammenhänge mit der Paarproblematik herausarbeiten.

— Eine junge Frau berichtete aus ihrer Biografie, dass sie ihren Mann als erste große Liebe mit 15 Jahren kennengelernt hat und dass sie eine sehr enge Beziehung lebten. Mit 21 Jahren kam das erste Kind zur Welt. Mit 33 Jahren wurde sie eine alleinerziehende Mutter von vier Kindern im Alter von zwölf, neun, sieben und drei Jahren.

Schaut man einmal biografisch auf das Alter von 21 bis 28 Jahren, von dem man auch als dem Jahrsiebt der Empfindungsseele spricht (siehe Seite 23), dann steht als große Frage über diesem Lebensabschnitt: »Wie erlebe ich die

Welt und in der Welt mich selbst?« Im vierten Jahrsiebt will man sich in vielfältiger Weise an der Welt erproben, will sich durch die Sinnlichkeit der Welt, über Reisen, Naturerlebnisse und Kultur, aber auch durch unterschiedlichste Beziehungen spüren. Am Beispiel des jungen Paares lässt sich ablesen, dass gerade diese Selbsterfahrungszeit bei ihnen ausgefüllt war mit Pflichten und Aufgaben der Familiengründung, die wenig Freiraum für die Persönlichkeitsentfaltung zuließen. Das muss nicht zwangsläufig zu einer Trennung führen, sondern kann lediglich in einer Krise zum Ausdruck kommen, die dann auf die Möglichkeit einer Verwandlung oder neuer Freiräume hinweist.

—— Ein anderes Paar hat bereits eine zwanzigjährige Ehe hinter sich; die Kinder gehen immer mehr eigene Wege. Die Ehe scheint friedlich zu sein. Das Paar lebt in einer klassischen Rollenverteilung. Eines Tages verkündet die Frau, dass sie sich trennen will. Sie sind beide Mitte vierzig und haben fast drei Jahrsiebte von 25 bis 44 miteinander verbracht.
In der Biografiearbeit wurde deutlich, dass dieses Paar es versäumt hat, biografische Entwicklungsschritte miteinander zu vollziehen. Sie haben in den Lebensgewohnheiten wie auch in der Rollenverteilung keine Verwandlungen entwickelt. Beide hatten ein starkes Harmoniebedürfnis, und so kam es selten zu Konfrontationen, jeder machte seine individuellen Entwicklungsschritte zwar innerlich selber durch, aber es kam zu keiner Umarbeitung innerhalb der Beziehung, sondern zu einer Entfremdung.

Hier fühle ich mich an die Bemerkung einer Kollegin erinnert: »Ich habe meinen Mann mindestens fünfmal geheiratet!«

Das heißt doch nichts anderes, als immer wieder neue gemeinsame Entwicklungsschritte zu absolvieren und von Neuem Ja zum gleichen Partner zu sagen.

Im Alter von ca. 21 bis 42 Jahren arbeitet das Ich, das mit 21 Jahren für sich selbst Verantwortung zu übernehmen beginnt, die seelischen Erfahrungen in dreimal sieben Jahren so um, dass wir zu einer seelischen Reife und zunehmend mehr Unabhängigkeit frei werden können. Der Mensch lebt im vierten Jahrsiebt noch stark in der Empfindungsseele (siehe Seite 23). Im fünften Jahrsiebt (28 bis 35 Jahre) klärt und beruhigt sich diese Sturm- und Drangzeit von dem Erleben in der Welt hin zum stärkeren Denken und Gestalten der Welt. Es kommt zu einer Verarbeitung und Verinnerlichung des Erlebten durch die Entwicklung der Verstandes- und Gemütsseele (siehe Seite 32). Im sechsten Jahrsiebt (35 bis 42 Jahre) entwickelt sich nun die Bewusstseinsseele (siehe Seite 38), hier erleben viele Menschen eine innere Wende. Die vorangegangene Seelenentwicklung führt zu immer mehr Fragen, die oft in eine Sinnkrise oder auch Midlife-Krise führen, aber meist auch zu einer größeren seelisch-geistigen Reife verhelfen. Ab den Vierzigern folgen dann die sogenannten geistigen Entwicklungsjahrsiebte, welche die Biografie in ihrer Ganzheit zum Vorschein bringen.

Oft führt gerade diese Zeit, die Jahre zwischen vierzig und fünfzig, zu starken Umbrüchen, eben auch zu Brüchen in Beziehungen, wenn die veränderte Lebensbetrachtung, das neu erwachte Lebensgefühl sich nicht mehr in das bisherige Leben integrieren lässt.

Die Aufgabe der Biografiearbeit kann darin liegen, dem betreffenden Menschen bzw. dem Paar anhand seiner Erlebnisse, Impulse, Fragen und Begegnungen zu einem Sinn-Erlebnis zu verhelfen. Dieser Weg ist nicht nur schön, sondern kann auch steinig und schmerzvoll sein, aber es ist viel gewonnen, wenn einem deutlich wird, dass man den schmerzlichen Erlebnissen genauso viel für die eigene Selbst- und Welterkenntnis verdankt wie den glücklichen.

In der Paar-Biografiearbeit kann die Betrachtung der eigenen familiären Sozialisation anhand verschiedener Fragestellungen sehr hilfreich sein. Wie bereits beschrieben (siehe Seite 45 ff.), wirken unsere familiären Prägungen, Gewohnheiten, Werte und Normen in eine Paarbeziehung hinein und sorgen für Irritationen, Verunsicherungen, Unverständnis und Konflikte. In einer Paarberatung geht es um einen Prozess der Bewusstwerdung dieses Konfliktpotenzials. Erst wenn man durch dieses Nadelöhr gegangen ist, beginnt die Arbeit an der biografischen Freiheit. Wir erinnern uns: Jan will nicht mehr wie sein Vater Türen knallend das Haus verlassen, sondern Klara ruhig seine Sichtweise schildern und um eine gemeinsame Zukunftsvision mit ihr ringen. Und Klara sieht Jan plötzlich nicht mehr als Bedrohung, sondern als Chance, um durch seine Andersartigkeit zu mehr Eigenständigkeit und Freiheit zu kommen.

Paar-Biografiearbeit kann aber auch heißen, sich der Bedeutung der Begegnung mit dem Partner bewusst zu werden. Mein Mann und ich haben dabei festgestellt, dass wir im Laufe unserer Biografie von Jugend an immer wieder zu gleicher Zeit an gleichen Orten waren, ohne uns zu begegnen. Auch ein erstes Zusammentreffen in einer Gruppen-Biografiearbeit wurde noch nicht der ausschlaggebende Moment für unsere Beziehung. Stattdessen hatte jeder von uns scheinbar noch seine eigenen Entwicklungsschritte zu gehen, bis wir uns dann drei Jahre später ineinander verliebt haben.

Ich lasse Paare gerne folgende Begegnungsübung machen, da sie oftmals zu mehr Klarheit und Wertschätzung ihrer Begegnung (auch im Falle einer Trennung) verhilft.[30] Besonders geeignet sind für diese Malübung Pastellkreiden.

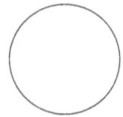

• *Schritt I:*
Malen Sie im Zentrum einen Kreis, der Sie darstellt.

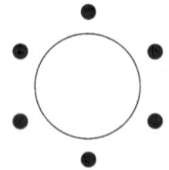

• *Schritt II:*
Gehen Sie an den Anfang Ihrer Beziehung zu Ihrem (früheren) Partner zurück. Nun geben Sie Begegnungen und Ereignissen, die durch Ihren Partner wichtig für Sie geworden sind, ebenfalls einen Platz, indem Sie diese Ereignisse durch einen Kreis gestalten und um »sich« herum anordnen.

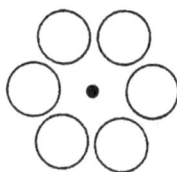

• *Schritt III:*
Verwandeln Sie nun die Gewichtung, indem Sie Ihren Kreis verkleinern und die anderen vergrößern.

• *Schritt IV:*
Spüren Sie in sich hinein und lauschen Sie Ihren Gefühlen und Gedanken. Was ist durch diesen Menschen in Ihr Leben gekommen, welche Bedeutung hat das für Ihren weiteren Lebenslauf gehabt?

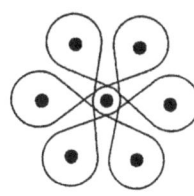

• *Schritt V:*
Nun verwandeln Sie die Kreise so, dass alle dieselbe Größe haben, und verbinden Sie sie miteinander. Jetzt können Sie vielleicht eine Art Schicksalsgeflecht entdecken (siehe auch das Kapitel »Schicksal und Freiheit in einer Partnerschaft«, Seite 149 ff.).

• *Schritt VI:*
Wie hat sich jetzt die Haltung, Ihr Gefühl und Ihr Denken über Ihren (ehemaligen) Partner verwandelt?

Das verbindende Konfliktgespräch in der Beziehung – gewaltfrei miteinander reden

> Je mehr wir andere hören,
> desto mehr werden sie uns hören.
>
> Marshall Rosenberg

Marshall Rosenberg ist der Begründer der »Gewaltfreien Kommunikation« und hat mit dieser viel zur Friedensarbeit in der Welt beigetragen. Er ist in Kriegsgebiete und Gefängnisse gegangen, um Menschen dabei zu helfen, ihre Probleme gewaltfrei – auch in der Sprache – zu lösen. Die gewaltfreie oder auch verbindende Kommunikation wird heute vielerorts gelehrt, sie ist ein wesentlicher Baustein in Mediationen und bietet eine gute Grundlage in der Paarberatung sowie in allen Konfliktgesprächen.

Marshall Rosenberg hat durch eigene biografische Erlebnisse herausgefunden, dass Menschen eigentlich nur dann negative Gefühle entwickeln und zum Ausdruck bringen, wenn sie mit einem oder mehreren Bedürfnissen im Mangel sind. Erst dann entwickeln wir Menschen Strategien, um wenigstens uns selbst gerecht zu werden, auch auf die Gefahr hin, negative Zuwendung zu bekommen. Hauptsache gesehen werden![31]

In einer Partnerschaft können besonders im Familienleben viele unerfüllte Bedürfnisse zusammenkommen, die für permanenten Konfliktstoff sorgen. Anstatt darüber zu sprechen, entwickeln wir Strategien, um uns wenn schon nicht positiv, so doch wenigstens negativ zu spüren. Max verlässt Türen knallend das Haus, weil er sich in seiner Bemühung, an den Einkauf zu denken, nicht gesehen erlebt. Susan hat im Laufe des Alltags Unzufriedenheit über die Rollenverteilung im Haushalt entwickelt. Beide sprechen nicht über ihre Gefühle und Bedürfnisse, sondern agieren diese über »trennende Kommunikation« aus. Die Aufgabe kann für beide sein, mit dem »bedürfnisorientierten Ohr« zu lauschen, sein eigenes und das Bedürfnis des Partners zu erspüren, zu erfragen, was einem selbst bzw. ihm gerade wichtig ist, um dann gemeinsam konkrete Wege zu finden, die beide miteinander mehr in Kontakt sein lassen.

Die vier Schritte der gewaltfreien Kommunikation bieten Paaren eine konstruktive Möglichkeit, Konflikte zu bearbeiten. Auch wenn diese vier Schritte erst einmal sehr »mechanisch« wirken, können sie im Gebrauch immer weniger zu einer Methode und mehr zu einer inneren Haltung werden. Klavierspielen fängt ja schließlich auch mit Fingerübungen an.

Vier Schritte der gewaltfreien Kommunikation

- *Beobachten statt bewerten*

Was habe ich genau wahrgenommen? Was hat der andere getan und gesagt? Wo hat er sich aufgehalten? Wie hat er es gesagt?

Im Blickpunkt steht also alles, was ich objektiv beschreiben kann, ohne es subjektiv zu bewerten. Ich beschreibe die Situation, die negative Gefühle in mir ausgelöst hat. Verknüpfen wir hingegen Beobachtungen mit Bewertungen, neigt unser Gegenüber leicht dazu, Kritik zu hören.

Beispiel: »Wir waren gestern um 19 Uhr zum Kino verabredet. Ich habe frühzeitig die Kinder für den Babysitter bettfertig gemacht und war um 19 Uhr bereit. Du bist um 19.30 Uhr nach Hause gekommen.«

Negativbeispiel: »Ich mache mir die Mühe und hetze mich ab, dass die Kinder rechtzeitig im Bett sind, und du kommst erst um 19.30 Uhr nach Hause. Du hältst wohl nichts von Pünktlichkeit!«

• *Gefühle anstelle von Gedanken benennen*

Wie fühlt sich das, was ich gerade wahrgenommen habe, für mich an? Bin ich wütend, irritiert, gekränkt, fassungslos, enttäuscht oder ohnmächtig? Ich kann das in Sätzen ausdrücken wie: »Ich habe das Gefühl, dass mich hier keiner ernst nimmt«, oder: »Ich fühle mich, als wäre ich nicht wichtig.« Hiermit drücke ich aus, was ich über eine Situation, in der ich stecke, denke, aber nicht, was ich fühle. Eine kleine Hilfe zum wirklichen Benennen von Gefühlen ist es, wenn man die Formulierung mit »Ich bin ... (enttäuscht, verzweifelt, glücklich, zufrieden)« beginnt.

Beispiel: »Ich bin unruhig und ärgerlich, wenn ich trotz unserer Absprache eine halbe Stunde auf dich warten muss und meine Zeit, wenn ich das gewusst hätte, anders hätte einteilen können.«

Negativbeispiel: »Ich habe das Gefühl, dass du mich nicht ernst nimmst, und fühle mich von dir ausgenutzt. Immer lässt du mich warten, und ich muss alles machen!«

• *Bedürfnisse mitteilen anstelle von Urteilen über andere*

Ich lasse mein Gegenüber wissen, was mir in diesem Zusammenhang wichtig ist, welches Bedürfnis hinter meinen Gefühlen steht. Ist mir Wertschätzung, Verlässlichkeit, Gemeinschaft, Ordnung, Absprache, Achtsamkeit wichtig? Urteile über andere sind hingegen entfremdete Äußerungen unserer eigenen, unerfüllten Bedürfnisse. Wenn wir unsere Bedürfnisse mitteilen, ist die Chance, dass sie erfüllt werden, viel größer.

Beispiel: »… mir ist wichtig, dass ich mich auf unsere Absprachen verlassen kann und dass du meine Arbeit mit den Kindern hier zu Hause wertschätzt und achtsam mit meiner Zeit und dem gemeinsam verabredeten Termin umgehst.«

Negativbeispiel: »Dich interessiert es wohl gar nicht, was ich hier tue und ob ich auch mehr Zeit brauche.«

• *Eine konkrete Bitte statt einer Forderung oder*
  frommer Wünsche aussprechen

Die Bitte ist der letzte Schritt in Richtung der Erfüllung unserer Bedürfnisse, allerdings nur in Verbindung mit einer sachlichen Beobachtung, dem sachlichen Benennen der Gefühle und Bedürfnisse. Bleibt dies aus, werden Bitten leicht als eine Forderung gehört. Bitten sollten immer positiv und umsetzbar ausgedrückt werden. Ich sollte also nicht benennen, was ich nicht möchte, sondern was mich der Erfüllung meines Bedürfnisses konkret näher bringt.

Beispiel aus einer Patchworkfamilie: »Als ich gestern Abend um fünf Uhr nach Hause kam, haben Katja und du vor dem Fernseher gesessen. In der Küche stand der Abwasch, das von mir vorgekochte Essen war zur Hälfte gegessen und stand noch auf der heißen Platte. Wir hatten gestern Abend verabredet, dass ihr den Abwasch macht und wir um sechs Uhr, wenn euer Vater nach Hause kommt, gemeinsam zu Abend essen. Ich bin enttäuscht, wenn ich euch trotz unserer Absprachen vor dem Fernseher finde. Außerdem bin ich verärgert, dass ihr vor dem verabredeten Termin mit dem Essen begonnen habt, und erschrocken, dass der Topf noch auf der heißen Platte steht. Mir ist wichtig, dass ich mich auf unsere Absprachen verlassen kann und dass ihr meine Bemühung, ein gutes Essen für alle zu kochen, wertschätzt und achtsam mit dem gemeinsam verabredeten Abendbrottermin umgeht. Ich möchte euch bitten, mit mir und … am Samstagmorgen um zehn Uhr zu einem Familiengespräch zusammenzukommen, um gemeinsam auf die Aufgabenverteilung im Haus zu schauen und mit euch verbindliche Verabredungen zu treffen. Ich brauche mehr Unterstützung und freudigen Kontakt mit euch. Ich möchte auch hören, wie es euch mit mir geht, und mehr Gemeinsamkeit suchen.«

Negativbeispiel: »… Ich bitte euch, das nächste Mal aufmerksamer zu sein und nicht den Abwasch stehen zu lassen, vor allen Dingen nicht das Essen schon vor der Zeit aufzuessen.« (Eine solche Äußerung stellt einen »frommen Wunsch« dar.)

Hört mein Partner bzw. mein Gegenüber eine Forderung von mir, reagiert er in der Regel rebellisch. Werde ich ärgerlich oder beginne ich zu kritisieren und meinem Gegenüber Schuldgefühle zu bereiten, wenn meine Bitte nicht erfüllt wird, kann ich sicher sein, dass es eine verkappte Bitte, also mehr eine Forderung war.

Hilfreich kann es nach dem Aussprechen einer Bitte sein, dem anderen die Frage zu stellen, was er von mir genau gehört hat und ob er bereit ist, sich auf meine Bitte einzulassen.

Was mache ich, wenn ich auf meine Bitte ein »Nein« erhalte?

Dem Gegenüber Einfühlung geben! Das ist es, was Marshall Rosenberg mit der Äußerung »Je mehr wir andere hören, desto mehr werden sie uns hören« meinte.

Ich kann die gerade beschriebenen vier Schritte genauso empathisch für mein Gegenüber vollziehen, sodass der andere sich in seinem Bedürfnis gesehen und gehört fühlen kann. Das sähe dann folgendermaßen aus:

- *Beobachtung*

  »Als ich gestern Abend um fünf Uhr nach Hause kam, haben Katja und du vor dem Fernseher gesessen. In der Küche stand der Abwasch, das von mir vorgekochte Essen war zur Hälfte gegessen und stand noch auf der heißen Platte ...«

- *Gefühle benennen*

  »Kann es sein, dass ihr völlig gespannt einen Film gesehen und dabei die Zeit vergessen habt? Und dann wart ihr überrascht und erschrocken, dass ich schon da war?«

- *Bedürfnis benennen*

  »Euch war der Film und dass ihr es gemütlich habt so wichtig, dass ihr es riskiert habt, mit mir Ärger zu bekommen, stimmt's?« (Hier wird das Bedürfnis nach Freiheit, Selbstbestimmung und Gemütlichkeit anerkannt.)

- *Bitte*

  »Möchtet ihr von mir Nachsicht und dass ich freundlicher reagiere, wenn ich enttäuscht und ärgerlich bin?«

Egal in welchem Konflikt man sich befindet, es ist hilfreich, wenn beide Seiten auf diese Weise gehört werden können. Bei Kindern und Jugendlichen kann ich erst einmal nicht davon ausgehen, dass sie empathisch auf mich reagieren. Deshalb kann es hilfreich sein, sie nicht gleich anzugreifen oder gewaltfrei zu konfrontieren, sondern im besten Falle die oben genannte Einfühlung zu geben. Dann aber ist es wichtig, sich selbst den Raum zu nehmen, um sie wissen zu lassen, wie es mir mit dem Geschehen geht bzw. gegangen ist.

Gewaltfrei zu kommunizieren ist eine soziale Kunst, die Zeit benötigt, um sie zu erlernen. Sie braucht meine Kreativität, mich nicht schematisch auf die vier Stufen zu begeben, sondern diese ganz praktisch ins Leben zu holen.

Gewaltfreie Kommunikation verhilft Ihnen ...

- sich Ihrer eigenen Bewertungen und Urteile bewusst zu werden,
- die eigenen Gefühle wahrzunehmen,
- ehrlich zu sagen, wie es Ihnen geht,
- klar herauszufinden, was Sie brauchen,
- es so zu formulieren, dass Sie eine Chance haben, es auch zu bekommen,
- wirklich verstanden zu werden,
- vom anderen zu erfahren, wie es ihm wirklich geht,
- zu verstehen, was der andere braucht,
- ein Gespräch auf Augenhöhe ohne Vorwürfe zu führen,
- Lösungen zu finden, bei denen es nur Gewinner gibt,
- eine Grundlage für erfüllende und wertschätzende Beziehungen zu bekommen.

Dieses Kapitel ist ein Versuch, Sie als Leser zu motivieren, sich selbst vertiefend auf den Weg zu einer neuen Lebensphilosophie zu machen.

Haben Sie einen handfesten Konflikt hinter sich, kann es hilfreich sein, sich zurückzuziehen und einmal mit Beschaulichkeit auf die Situation zurückzublicken.

Sie können sich Fragen stellen wie:

- Was war der Auslöser für den Streit?
- Welcher wunde Punkt wurde dabei bei mir berührt?
- Wie habe ich auf den Auslöser reagiert?
- Woran erinnert mich mein wunder Punkt?
- Macht der andere etwas, was ich mir nicht erlaube?
- Erinnert mich der Konflikt an etwas aus meiner Herkunftsfamilie?
- Welche Gefühle in mir gehören in die Vergangenheit und welche haben konkret etwas mit meinem Partner zu tun?
- Was habe ich gesagt oder getan?
- Wie hat mein Partner darauf reagiert?
- Welch eine Streitdynamik entstand dadurch?
- Was hätte ich mir gewünscht?
- Welche Worte würde ich gerne von meinem Gegenüber hören, damit ich wieder offen sein und meinen Standpunkt ändern kann?
- Auf welche Weise sollte für mich der Konflikt am Ende aufgelöst sein?

Schlusswort – Über die Treue

Wir haben gesehen, dass Beziehungen im Laufe der Jahre einem steten Wandel unterliegen. Auch Beziehungen haben eine Biografie, in der Veränderungs- und Reifungsprozesse stattfinden.

Konflikte gehören in eine Beziehung und wollen sie lebendig erhalten. »Hinter jedem Konflikt steht ein Traum, der sich entfalten will.«[32] Hören Sie nicht auf, Ihrem Traum innerhalb Ihrer Beziehung zu lauschen. Aber hören Sie auch auf Ihre ganz »persönlichen Träume«, denn diese wollen ebenso zur Entfaltung gebracht werden. Partnerschaft findet heute im Spannungsfeld von Individualität und Gemeinschaft statt. Wenn Sie sich in einer Beziehung zu verlieren drohen, machen Sie sich auf den Weg zu sich selbst. Haben Sie im Laufe der Zeit das positive Bild Ihres Partners verloren, machen Sie sich auf den Weg, dem Teil von ihm wieder zur Erweckung zu verhelfen, den Sie einst sahen. Wenn jeder dem anderen auf diese Weise nahe ist, werden wir als Paar eine Entwicklungsgemeinschaft, in der einer dem anderen zum Entwicklungshelfer werden kann. Dann sind wir mehr als nur ein Paar!

Über die Treue

Schaffen Sie sich eine neue, stark-
mütige Anschauung von der Treue.
Was die Menschen sonst Treue
nennen, vergeht so schnell. Das
aber machen Sie zu Ihrer Treue:
An dem anderen Menschen werden
Sie Augenblicke erleben, schnell
dahingehende, da wird er
Ihnen erscheinen wie erfüllt, wie
durchleuchtet von dem Urbild
seines Geistes. Und dann können,
ja werden andere Augenblicke,
lange andere Zeiten kommen,
da verdüstern sich die Menschen.
Sie aber sollen lernen, in
solchen Zeiten zu sagen: Der Geist
macht mich stark. Ich denke an das
Urbild; ich sah es doch einmal.
Kein Trug, kein Schein raubt es mir.
Ringen Sie immer um dieses
Bild, das Sie sahen. Dieses
Ringen ist Treue. Und so nach
Treue strebend, wird der Mensch
dem Menschen wie mit
Engel-Hüter-Kräften nahe sein.

Rudolf Steiner[33]

Danksagung

Mein tiefer Dank geht an dieser Stelle an meinen lieben Mann, der gemeinsam mit mir durch so manche Höhen und Tiefen gegangen ist. Er war und ist mir noch immer ein Spiegel, ein Entwicklungshelfer und liebevoller Lebensbegleiter. Aber auch unseren Kindern möchte ich von Herzen danken. Ohne sie wären wir nicht zu dem Paar geworden, welches wir heute sind.

Ich danke all den vielen Paaren, die mir ihr Vertrauen geschenkt haben und so gewissermaßen zu Mit-Schreibern wurden. Zu ihrem Schutz sind alle Beispiele namentlich und inhaltlich verändert.

Mein besonderer Dank geht auch an meine langjährige Lektorin Christine Christ für ihre einfühlsame Art, mit mir »in Beziehung zu treten«, um dem Buch die nötige Form und feine Bebilderung zu geben.

Anmerkungen

1 Sven Hillenkamp, *Das Ende der Liebe. Gefühle im Zeitalter unendlicher Freiheit,* München 2012.

2 Michael Nast, *Generation Beziehungsunfähig,* Hamburg 2017.

3 Dieses Schaubild ist eine Weiterentwicklung des »Organisationshauses« aus: Michael Pohl, Heinrich Fallner, *Coaching mit System. Die Kunst nachhaltiger Beratung,* Wiesbaden 2001, Seite 193.

4 Karl König, *Brüder und Schwestern. Geschwisterfolge als Schicksal,* Stuttgart ³2016, Seite 35 f.

5 Ebd., Seite 58.

6 Ebd., Seite 53 f.

7 Phyllis Bottome, *Alfred Adler, Apostle of Freedom,* London 1939, zitiert nach Karl König, *Brüder und Schwestern. Geschwisterfolge als Schicksal,* Stuttgart ³2016, Seite 75.

8 Karl König, *Brüder und Schwestern. Geschwisterfolge als Schicksal,* Stuttgart ³2016, Seite 75 ff.

9 Ulrich Clement, »Erotische Fallen«, in: *Psychologie heute compact, Liebesleben, Paare – Probleme – Lösungen,* 2006, Heft 15, Seite 48 ff.

10 Ebd.

11 Siehe auch Stephanie Gerlach, *Regenbogenfamilien. Ein Handbuch,* Berlin 2010

12 Originaltext: Jonathan Swift, »Entschließung für mein Alter«, zitiert nach: Bert Voorhoeve, *Un-Ruhestand. Neue Chancen für das Leben ab 55,* Stuttgart 1999, Seite 149.

13 Siehe z.B. Elisabeth Kübler-Ross, *Über den Tod und das Leben danach,* Güllesheim [41]2013, Seite 14.

14 Elisabeth Kübler-Ross, *Interviews mit Sterbenden,* Freiburg im Breisgau 2014.

15 Siehe z.B. Elisabeth Kübler-Ross, *Über den Tod und das Leben danach,* Güllesheim [41]2013, Seite 14.

16 Siehe z.B. Arie Boogert, *Der Weg der Seele nach dem Tod. Unser Leben nach dem Leben,* Stuttgart [2]2012, Gudrun Burkhard, »Das Leben nach dem Tod – was stellen uns die Hierarchien für Fragen und Aufgaben?«, in: dies., *Das Leben geht weiter. Geistige Kräfte in der Biografie,* Stuttgart [2]2004, Seite 103 ff.

17 Athys Floride, *Die Begegnung als Aufwacherlebnis. Die Auferstehungskräfte in der Menschenbegegnung,* Dornach [3]1992.

18 Rudolf *Steiner, Esoterische Betrachtungen karmischer Zusammenhänge. Zweiter Band* (GA 236), Dornach [4]1973, Seite 198.

19 Ebd.

20 Rudolf Steiner, *Anthroposophie als Kosmosophie. Zweiter Teil: Die Gestaltung des Menschen als Ergebnis kosmischer Wirkungen* (GA 208), Dornach [3]1992, Seite 76.

21 Michaela Glöckler in ihrem Vortrag »Machtkonflikte in der Familie und die Praxis einer Erziehung zu Freiheit und Liebe«, gehalten am 2. April 2000 auf einer Familienkulturtagung am Goetheanum.

22 Rudolf Steiner, »Wie kann die seelische Not der Gegenwart überwunden werden?«, in: ders., *Die Verbindung zwischen Lebenden und Toten* (GA 168), Vortrag vom 10.10.1916, Dornach [4]1995, Seite 91 ff.

23 Rudolf Steiner, »Wie Karma wirkt«, in: ders., *Lucifer – Gnosis. Grundlegende Aufsätze zur Anthroposophie und Berich-*

te aus den Zeitschriften »Luzifer« und »Lucifer – Gnosis« *1903–1908* (GA 34), Dornach 1960, Seite 105.

24 Michaela Glöckler, *Die männliche und weibliche Konstitution. Medizinisch-menschenkundliche Aspekte zur Ehe,* Stuttgart 1992.

25 Mündliche Äußerung von Michaela Glöckler.

26 Siehe z.B. Amy Bjork Harris, Thomas A. Harris, *Einmal o.k., immer o.k. Transaktionsanalyse für den Alltag,* Reinbek [15]2013.

27 Eric Berne, *Was sagen Sie, nachdem Sie »Guten Tag« gesagt haben? Psychologie des menschlichen Verhaltens,* Frankfurt am Main [23]2016.

28 Amy Bjork Harris, Thomas A. Harris, *Einmal o.k., immer o.k. Transaktionsanalyse für den Alltag,* Reinbek [15]2013.

29 Eric Berne, *Spiele der Erwachsenen. Psychologie der menschlichen Beziehungen,* Reinbek 2017.

30 Angelehnt an eine Übung aus: Jörgen Smit, *Meditation und Christuserfahrung. Wege zur Verwandlung des eigenen Lebens,* Stuttgart [4]2008, Seite 36 ff.

31 Marshall B. Rosenberg, *Gewaltfreie Kommunikation. Eine Sprache des Lebens,* Paderborn [13]2016; ders, *Konflikte lösen durch Gewaltfreie Kommunikation. Ein Gespräch mit Gabriele Seils,* Freiburg im Breisgau [12]2010.

32 Birgit Theresa Koch, *Hinter jedem Konflikt steht ein Traum, der sich entfalten will. Aus der Praxis einer Streitschlichterin,* München [2]2008.

33 Rudolf Steiner, *Sprüche, Dichtungen, Mantren,* Ergänzungsband (GA 40a), Dornach 2002, Seite 286.

Literatur

Berne, Eric, *Was sagen Sie, nachdem Sie »Guten Tag« gesagt haben? Psychologie des menschlichen Verhaltens,* Frankfurt am Main [23]2016

Brug van der, Jos; Locher, Kees, *Unternehmen Lebenslauf. Biografie, Beruf und persönliche Entwicklung. Ein Workshop für alle, die ihr Arbeitsleben bewusst gestalten wollen,* Stuttgart 1997

Bryant, William, *Der verborgene Puls der Zeit. Vom Geheimnis kosmischer Rhythmen im Lebenslauf,* Dornach 1997

Burkhard, Gudrun, *Das Leben geht weiter. Geistige Kräfte in der Biografie,* Stuttgart [2]2004

–, *Die Freiheit im »Dritten Alter«. Biografische Gesetzmäßigkeiten im Leben ab 63,* Stuttgart [2]2004

–, *Mann und Frau. Integrative Biografiearbeit,* Stuttgart [2]2004

Clement, Ulrich, »Erotische Fallen«, in: *Psychologie heute compact, Liebesleben, Paare – Probleme – Lösungen,* 2006, Heft 15, Seite 48 ff.

–, *Systemische Sexualtherapie,* Stuttgart 2016

Covey, Stephen R., *Die sieben Wege zur Effektivität. Ein Konzept zur Meisterung Ihres beruflichen und privaten Lebens,* München [16]2000

Daub-Amend, Eveline, *Wechseljahre. Gesund und selbstbewusst in eine neue Lebensphase,* Stuttgart [3]2006

Die Mediation – Fachmagazin für Unternehmen und öffentliche Verwaltung, Spezial: »Familie heute«, Ausgabe 4/2015

Diez, Hannelore; Krabbe, Heiner; Thomsen, Cornelia Sabine, *Familien-Mediation und Kinder. Grundlagen, Methodik, Techniken,* Köln ²2005

Floride, Athys, *Die Begegnung als Aufwacherlebnis. Die Auferstehungskräfte in der Menschenbegegnung,* Dornach ³1992

Gädeke, Wolfgang, *Ehe. Sehnsucht – Idee – Wirklichkeit,* Stuttgart ²2006

–, *Warum Ehen scheitern. Grundzüge einer anthroposophischen Eheberatung,* Stuttgart 1998

Gerlach, Stephanie, *Regenbogenfamilien. Ein Handbuch,* Berlin 2016

Glöckler, Michaela, *Die männliche und weibliche Konstitution. Medizinisch-menschenkundliche Aspekte zur Ehe,* Stuttgart ³1992

Harris, Amy Bjork; Harris, Thomas A., *Einmal o.k., immer o.k. Transaktionsanalyse für den Alltag,* Reinbek ¹⁵2013

Hillenkamp, Sven, *Das Ende der Liebe. Gefühle im Zeitalter unendlicher Freiheit,* Stuttgart ³2009

Hüther, Gerald, *Biologie der Angst. Wie aus Stress Gefühle werden,* Göttingen ¹³2016

Jellouschek, Hans, *Die Paartherapie. Eine praktische Orientierungshilfe,* Stuttgart 2005

Kast, Verena, *Altern – immer für eine Überraschung gut,* Ostfildern 2016

–, *Der Schatten in uns. Die subversive Lebenskraft,* Ostfildern 2016

Keding, Joachim E., *Von nun an geht's bergauf … Männer in den Wechseljahren,* Esslingen 2002

Kiel-Hinrichsen, Monika, Artikelserie »beziehungsweise« in: *a tempo. Das Lebensmagazin,* Januar bis Dezember 2016

–, *Die Patchworkfamilie, Zusammenleben – zusammenwachsen,* Stuttgart ²2014

–, *Wendepunkte. Biografie bewusst gestalten,* Stuttgart 2016

– (Hrsg.), *Burnlong statt Burnout. Stress überwinden – gesund bleiben,* Stuttgart 2016

Koch, Birgit Theresa, *Hinter jedem Konflikt steht ein Traum, der sich entfalten will. Aus der Praxis einer Streitschlichterin,* München [2]2008

König, Karl, *Brüder und Schwestern. Geburtenfolge als Schicksal,* Stuttgart [3]2016

Kübler-Ross, Elisabeth, *Interviews mit Sterbenden,* Freiburg im Breisgau 2014

–, *Über den Tod und das Leben danach,* Güllesheim [41]2013

Maris, Bartholomeus, *Wechseljahre der Frau. Die Kunst der Reifung im Zeitalter der Hormonbehandlung,* Esslingen [2]2003

Moeller, Michael Lukas, *Die Wahrheit beginnt zu zweit. Das Paar im Gespräch,* Reinbek 2011

Nast, Michael, *Generation Beziehungsunfähig,* Hamburg 2017

Peters, Markus, *Gesundmacher Herz. Wie es uns steuert, verbindet und heilt. Der geniale Impulsgeber für Körper und Seele,* Kirchzarten 2014

Rosenberg, Marshall B., *Gewaltfreie Kommunikation. Eine Sprache des Lebens,* Paderborn [13]2016

–, *Konflikte lösen durch Gewaltfreie Kommunikation. Ein Gespräch mit Gabriele Seils,* Freiburg im Breisgau [12]2010

Ruhe, Hans Georg, *Praxishandbuch Biografiearbeit. Methoden, Themen und Felder,* Weinheim 2014

Rupp, Marina (Hrsg.), *Die Lebenssituation von Kindern in gleichgeschlechtlichen Lebenspartnerschaften,* Köln 2009

Satir, Virginia; Baldwin, Michele, *Familientherapie in Aktion,* Paderborn [6]2004

Schall, Traugott Ulrich, *Wenn alte Liebe neu erblüht. Von Ehe und Partnerschaft,* München 1998

Scheidung – warum? Partnerschaftsprobleme und ihre Bewälti-gung, Flensburger Hefte Nr. 44, ²1999

Schellenbaum, Peter, *Das Nein in der Liebe. Abgrenzung und Hingabe in der erotischen Beziehung,* München 2002

Schneider, Johannes W., *Der Doppelgänger. Die Schattenseite unserer selbst,* Dornach 2000

Schulz von Thun, Friedemann; Stegemann, Wibke (Hg.), *Das innere Team in Aktion. Praktische Arbeit mit dem Modell,* Reinbek bei Hamburg ⁹2015

Spencer, Sabina A.; Adams, John D., *Krisen überwinden und an ihnen wachsen. Eine Anleitung in sieben Schritten,* Stuttgart 2004

Steiner, Rudolf, *Anweisungen für eine esoterische Schulung* (GA 245), Dornach ⁵2010

–, *Erfahrungen des Übersinnlichen. Die drei Wege der Seele zu Christus* (GA 143), Dornach ⁴1994

–, *Esoterische Betrachtungen karmischer Zusammenhänge,* Zweiter Band (GA 236), Dornach ⁶1988

–, *Metamorphosen des Seelenlebens – Pfade der Seelenerleb-nisse, Zweiter Teil* (GA 59), Dornach ²2017

–, *Reinkarnation und Karma, vom Standpunkt der modernen Naturwissenschaft notwendige Vorstellungen. Wie Karma wirkt* (aus GA 34), Dornach 1978

–, *Sprüche, Dichtungen, Mantren,* Ergänzungsband (GA 40a), Dornach 2002

–, »Wie kann die seelische Not der Gegenwart überwunden werden?«, in: ders., *Die Verbindung zwischen Lebenden und Toten* (GA 168), Vortrag vom 10.10.1916, Dornach ⁴1995

Ten Siethoff, Hellmuth, *Mehr Erfolg durch soziales Handeln. Gesprächsführung, Konfliktlösung, Gemeinschaftsbildung in Alltag und Beruf,* Stuttgart 1997

Treichler, Markus, »Danke, mir geht's gut!« Wie Männer mit
    Depressionen umgehen, Esslingen 2004
Voorhoeve, Bert, *Un-Ruhestand. Neue Chancen für das Leben
    ab 55,* Stuttgart 1999
Wais, Mathias, *Das Ich findet sich, wenn es sich loslässt. Über
    den roten Faden im Leben,* Esslingen 2010
–, *Ich bin, was ich werden könnte. Entwicklungschancen des
    Lebenslaufs. Aus der Biografieberatung,* Stuttgart [5]2011
–, *Sinn und Unsinn der Ehe heute,* Esslingen [4]2010

Bildnachweis